HISTÓRIA E PÓS-MODERNIDADE

Dados Internacionais de Catalogação na Publicação (CIP)
(Câmara Brasileira do Livro, SP, Brasil)

Barros, José D'Assunção
História e Pós-Modernidade / José D'Assunção Barros. – Petrópolis, RJ : Vozes, 2018.

Bibliografia.

ISBN 978-85-326-5764-0

1. Discursos 2. História 3. Historiografia 4. Pós-Modernismo I. Título.

18-14118 CDD-909.82

Índices para catálogo sistemático:
1. História e Pós-Modernismo 909.82

JOSÉ D'ASSUNÇÃO BARROS

HISTÓRIA E PÓS-MODERNIDADE

EDITORA VOZES

Petrópolis

Rua Frei Luís, 100
25689-900 Petrópolis, RJ
www.vozes.com.br
Brasil

Editoração: Flávia Peixoto
Diagramação: Sheilandre Desenv. Gráfico
Revisão gráfica: Fernando Sergio Olivetti da Rocha
Capa: SGDesign

ISBN 978-85-326-5764-0

Editado conforme o novo acordo ortográfico.

Este livro foi composto e impresso pela Editora Vozes Ltda.

Sumário

Pós-Modernidade: referências iniciais 1

"Pós-Modernismo", assim como seu correlato "Pós-Modernidade", constituem conceitos que têm se apresentado aos diversos campos de saber de maneira bastante polissêmica, e não raro com ambiguidades, na intrincada polêmica que se inicia nas últimas décadas do século XX e que, nos anos de 1980, atinge o seu nível mais intenso. Há já livros que se ocuparam de discutir estas noções e de historiar a polêmica, tal como o pequeno ensaio de Perry Anderson, publicado em 1998 com o título *As origens da Pós-Modernidade*. Há também os que oferecem visões panorâmicas e setoriais sobre as várias teorias e esferas de aplicação envolvidas na Pós-Modernidade, como a obra *Cultura Pós-Moderna*, publicada em 1989 por Steven Connor. E não há como esquecer o lúcido ensaio de Boaventura de Souza Santos, que procura balizar certos aspectos metodológicos que apontariam para um novo paradigma científico discutido em sua *Introdução a uma ciência Pós-Moderna* (1989).

Da mesma forma, a polêmica da Pós-Modernidade já tem os seus clássicos, tal como a provocativa obra publicada em 1979 por Jean-François Lyotard com o título *A condição Pós-Moderna* – na verdade um dos primeiros ensaios filosóficos a adotarem esta noção que já adentrara há algum tempo o campo da arte e da arquitetura, e que já tinha registrado aparições isoladas em outros campos do saber. Clássicos, também, são os livros de Fredric Jameson, a começar pela primeira conferência do historiador marxista sobre o Pós-Modernismo em 1982, mais tarde desenvolvida em um ensaio mais extenso que foi publicado pela revista *New Left* (1984) sob o título "Pós-Modernismo: a Lógica Cultural do Capitalismo Tardio" (2006).

O ensaio de Jameson é uma resposta veemente ao livro de Lyotard, e ambos constituem o núcleo mínimo da já histórica discussão sobre o Pós-Modernismo. Posteriormente adentrariam o debate outros autores, também no âmbito do Materialismo Histórico, que procuraram aprofundar as linhas mestras levantadas por Jameson em três direções de estudo: a Política, com o texto *Contra o Pós-Modernismo*, de Alex Callinicos (1989), a Economia, com o ensaio *Condições da Pós-Modernidade*, de David Harvey (1990), e a Ideologia, com o livro *As ilusões do Pós-Modernismo*, de Terry Eagleton (1996). Outras referências importantes estão nas obras do sociólogo polonês Zygmunt Bauman, que escreve uma série de textos a partir do ensaio *O mal-estar da Pós-Modernidade*, publicado em 1997, ou no nome do sociólogo francês Jean Baudrillard, com obras como *Simulacros e simulação* (1981).

O texto que aqui desenvolveremos buscará refletir sobre as relações entre História e Pós-Modernidade, de modo que são incontornáveis – para além da óbvia menção a Michel Foucault – os textos historiográficos que discutem a interação entre História e Discurso, ou que mesmo chegam a reduzir uma instância à outra, de modo que estaremos nos aproximando reflexivamente de obras como *A meta-história*, publicada em 1973 por Hayden White, ou como o pequeno livro publicado em 1991 por Keith Jenkins com o título *A História repensada*, ou ainda o provocativo artigo "Historiografia e Pós-Modernismo", publicado em 1989 na Revista *History and Theory* por Ankersmit, com a consequente geração de réplicas que polarizaram uma discussão com Perez Zagorin.

O objetivo principal deste livro será pontuar algumas questões que fazem parte do circuito das polêmicas historiográficas pós-modernas, tais como a aproximação entre História e Ficção, a multiplicação de modelos narrativos e outras formas de exposição para trabalhos historiográficos, o crédito ou descrédito da Historiografia como texto que projeta um referente sobre o Passado Vivido, a crise dos grandes paradigmas historiográficos, ou a pulverização da História em objetos desconectados, o que, de acordo com François Dosse, teria conduzido a "Uma História em migalhas" (1987). Partiremos, inicialmente, de um clareamento do próprio campo conceitual correlacionado à Pós-Modernidade.

Pós-Modernismo: o conceito e algumas análises clássicas

2

Não é fácil definir o conceito de Pós-Modernismo, como já bem notavam Willem Van Reijen (1947-1987) e W. Hudson em um paralelo contrastante elaborado em 1986 com vistas a opor "Modernos e Pós-Modernos" (HUDSON & REIJEN, 1986)[1]. O primeiro clareamento conceitual a ser trabalhado, em nosso entender, diz respeito à diferença entre *Pós-Modernidade* – muito habitualmente referida a um período específico no limite da História Contemporânea – e *Pós-Modernismo*, que diz respeito a um campo ou circuito cultural[2]. Lyotard, em seu texto inaugural, também já havia

1. Um panorama bastante completo dos diversos sentidos que veio a assumir a expressão Pós-Modernismo no decorrer do século XX pode ser encontrado no pequeno ensaio *Origens da Pós-Modernidade*, de Perry Anderson (1999), que remonta à primeira aparição da expressão à década de 1930, quando a expressão foi utilizada para se referir a um refluxo conservador dentro do próprio Modernismo. A maior difusão da expressão, por outro lado, só irá ocorrer a partir dos anos de 1970 (ANDERSON, 1999, p. 10-20).

2. Terry Eagleton (1998) também estabelece uma distinção entre pós-modernismo e pós-modernidade nos mesmos moldes. "Pós-Modernismo" corresponderia a "uma forma de cultura contemporânea"; já "pós-modernidade" remontaria a um "período histórico específico". Como visão de mundo, o pós-moderno implica uma "linha de pensamento que questiona as noções clássicas de verdade, razão, identidade e objetividade, a ideia de progresso ou emancipação universal, os sistemas únicos, as grandes narrativas ou os fundamentos definitivos de explicação" (EAGLETON, 1998, p. 7). De todo modo, embora reconheça a distinção entre pós-modernidade e pós-modernismo, Eagleton irá optar por utilizar a palavra "pós-modernismo" em sentido mais amplo, abranger também o significado de "pós-modernidade" ("Optei por adotar o termo mais trivial "pós-modernismo" para abranger as duas coisas, dada a evidente e estreita relação entre elas") (EAGLETON, 1998, p. 7). Ainda com relação ao uso de "pós-moderno" como um período que se contrapõe ao "moderno", podemos lembrar a análise de Lechte, para quem o período moderno estava baseado na "produção", e o pós-moderno na "reprodução" (LECHTE, 2002, p. 257).

introduzido um elemento complicador, pois ao se referir a uma "condição pós-moderna", generaliza o predomínio de uma certa tendência comportamental, mercadológica e cognitiva para todo o mundo humano capitalista pós-industrial, ou seja, aquele que corresponde ao contexto do período que chamou de pós-modernidade[3]. Mas a verdade é que se pode postular que Pós-Modernidade e Pós-Modernismo não se recobrem necessariamente em todas as análises. Assim como se entende que, no interior do período ou ambiente histórico denominado "modernidade" - aquele que se inicia com a Revolução Industrial - apenas cerca de 100 anos depois o Modernismo veio a se expressar enquanto movimento artístico ou tendência cultural, e mesmo assim sem abarcar o todo e constituir a única alternativa, pode-se igualmente postular que "nem tudo é pós-modernista na época pós-moderna", e que em nosso Presente convivem o moderno, o pós-moderno, ou mesmo o tradicional.

Esse ponto será particularmente importante para a nossa posterior discussão sobre História Pós-Moderna. Se considerarmos a historiografia pós-moderna como uma das tendências historiográficas possíveis no mundo contemporâneo, veremos que, aqui, não são de fato coextensivos a Pós-Modernidade - se aceitarmos esta

---

3. Keith Jenkins acompanha a proposta de Lyotard de tratar a Pós-Modernidade como condição. Diz ele: "vivemos na condição geral da 'pós-modernidade' [...] [esta] não é uma ideologia ou uma postura à qual possamos escolher aderir ou não" (JENKINS, 1995, p. 6). A argumentação é análoga à de Alun Munslow (2000, p. 188). Já Fredric Jameson, na "Introdução" da coletânea de ensaios sobre o Pós-Modernismo publicada em 1991 com o título *Pós-Modernismo - A lógica cultural do Capitalismo Tardio* (2006), e que inclui o texto do artigo de 1982 de mesmo título, confronta-se contra a possibilidade de que se tenha com a Pós-Modernidade um período realmente novo (uma nova época), ao afirmar que na verdade trata-se de uma fase do Capitalismo (a fase tardia): "o pós-moderno não é dominante cultural de uma época totalmente nova (sob o nome de sociedade pós-industrial, esse boato alimentou a mídia por algum tempo), mas é apenas reflexo e aspecto concomitante de mais uma modificação sistêmica do próprio capitalismo" (JAMESON, 2006, p. 16).

denominação como equivalente a um período específico – e o Pós-Modernismo, enquanto adjetivo que se cola a um sujeito produtor de arte ou conhecimento, a uma certa prática ou a determinada corrente cultural, tal como é o caso por exemplo de uma pretensa historiografia pós-moderna. Por este viés, torna-se perfeitamente legítimo o debate e contraposição entre historiadores pós-modernos e historiadores pertencentes a outras propostas historiográficas, que questionam a ideia de que o pós-modernismo histórico tenha se tornado ou vá se tornar a corrente historiográfica predominante em nosso tempo. O historiador inglês Michael Bentley, por exemplo, compara e contrapõe o uso de pós-moderno para definir um certo repertório de "ferramentas e enfoques" ao uso de "iluminista" ou "romântico" para designar homens do século XVIII ou XIX, mostrando que na verdade as convicções iluminista e romântica já não alcançavam senão um parcial domínio sobre as especulações de seus séculos. Menos abrangente ainda, o pós-moderno deveria ser relacionado mais adequadamente a uma "fase particular do pensamento" (BENTLEY, 1999, p. 140). O questionamento do Pós-Moderno como extensivo a uma faixa maior da cultura contemporânea também é recolocado por Terry Eagleton[4]. Por fim, vale lembrar que poucos historiadores assumem explicitamente o rótulo de pós-modernistas, embora certamente haja um modo específico de fazer a história para o qual a designação parece ser razoavelmente adequada.

4. Terry Eagleton (n. 1943), em sua obra *Ilusões do Pós-Modernismo* (1996), busca enxergar os limites do Pós-Moderno como padrão dominante. Conforme o filósofo inglês, o Pós-Modernismo apresenta alguns traços marcantes: além de intermesclar cultura "elitista" e cultura "popular", a arte torna-se "superficial, descentrada, infundada, autorreflexiva, divertida, caudatária, eclética e pluralista". Com relação à questão que indaga se o Pós-Moderno encontra "acolhimento geral ou constitui apenas um campo restrito da vida contemporânea", Eagleton situa-a como "objeto de controvérsia" (EAGLETON, 1998, p. 7).

A condição Pós-Moderna (1979), de François Lyotard, foi um dos primeiros livros a abordarem como uma mudança geral na condição humana o Pós-Moderno, caracterizado pelo autor, entre outros aspectos, pela "morte dos centros" e por uma significativa perda da credibilidade nas grandes metanarrativas ou explicações totalizadoras que procuravam dar conta da história ou de outras instâncias do mundo humano. Relativamente à História, as metanarrativas mais conhecidas eram aquelas que traçavam a História como um grande movimento coerente e teleológico do Singular Coletivo – em especial a Metanarrativa Iluminista e as derivações da metanarrativa hegeliana, mas também a Metanarrativa Marxista. A Metanarrativa Iluminista, gestada no século XVIII, como também a sua contraparente Positivista no século XIX, contava a história do progressivo avanço do Conhecimento e situava a Humanidade como sujeito triunfante a caminho da plena Liberdade no futuro; a metanarrativa hegeliana contava a história igualmente progressiva (mas também dialética) da aventura do Espírito Absoluto como sujeito universal que tomava conhecimento de si na sua igualmente triunfante caminhada para a Verdade. A filosofia da História proposta pelo Materialismo Histórico incluía na sua Metanarrativa a inevitável caminhada da Humanidade para a sociedade sem classes, considerando-a um pouco, por assim dizer, como uma caminhada olímpica na qual a "tocha da liberdade" deve ser entregue a cada período histórico para a classe revolucionária da ocasião. Vale ainda dizer, as metanarrativas condenadas à morte histórica pela pós-modernidade lyotardiana incluíam também a Psicanálise, já que esta também tinha a pretensão de "tudo explicar", só que através da decifração do Inconsciente.

É uma longa e polêmica discussão a que se pode estabelecer sobre as razões para o descrédito das metanarrativas, e não procuraremos esgotá-las aqui. Para além de crises diversas que abalam a primeira metade do século XX como a Segunda Guerra Mundial, os Totalitarismos à Direita e à Esquerda, as crises no Socialismo Real, e de movimentos vários como o da Contracultura, podem ser indicadas também outras razões. Frank Ankersmit, em seu artigo sobre "Historiografia e Pós-Modernismo" (1989), menciona o fato de que, à medida que a Europa deixava de ser o centro do mundo, no segundo pós-guerra – e que a História da Europa não podia mais ser vendida como a História do Mundo – as grandes metanarrativas sobre o "triunfo da Razão" ou sobre a "emancipação do Proletariado" revestiram-se de importância apenas local, e portanto deixavam de ser "metanarrativas apropriadas" (ANKERSMIT, 1989, p. 129).

Há os autores que chegam a falar, mais do que em uma "crise das metanarrativas", em uma "crise das ideologias"[5]. Remo Bodei, por outro lado, sustenta no seu ensaio *A História tem um sentido?* (1997, p. 76), que o que entra em crise nas últimas décadas do século XX não são propriamente as ideologias ou mesmo as filosofias da história, mas sim a aliança estabelecida desde fins do século XVIII entre "história e utopia". O que estaria sendo questionado, nos tempos recentes, seria um antigo padrão historiográfico que se fora formando e no qual as utopias haviam deixado de ser irrealizáveis "não lugares" aprisionados no imaginário literário (a *Cocanha* medieval) ou então espacialmente apartados (a *Atlântida*, de Platão, ou a *Utopia*, de Morus), para se converterem em "não lugares" temporalizados, situados no futuro, e agora não mais realidades impossíveis de serem atingidas. As utopias, que a certo

5. A percepção de uma crise das ideologias já remonta, na verdade, aos anos de 1950. H. Stuart Hughes (1916-1994), em 1951, teria sido um dos primeiros autores a formular a ideia de um "Fim das ideologias políticas", sendo mais tarde seguido por Judith Shklar (1928-1992), *que publica em 1957 o ensaio After Utopia: The Decline of Political Faith.* Também o sociólogo norte-americano Daniel Bell (n. 1919), em 1960, publicaria o seu *The End of ideologies* (1960).

momento foram transformadas em projetos realizáveis em longo prazo, ou ao menos em pontos modelares para a direção dos quais a história deveria apontar, haviam constituído todo um grande padrão historiográfico que abrangia inúmeras variações - das positivistas às historicistas e marxistas -, e agora era esta aliança entre história e utopia que se via contestada. Um mundo historiográfico descrente das utopias, mas não necessariamente sem ideologias, seria essencialmente a faceta do pós-moderno, de acordo com a análise desenvolvida por Remo Bodei[6].

Dependendo do conceito central no qual se fundamente a nossa análise das crises da modernidade e da pós-modernidade, reconfigura-se, certamente, a avaliação dos impasses e dilemas da historiografia contemporânea. "Crise das metanarrativas", "crise das ideologias", "crise da aliança entre utopia e história" apresentam certamente nuanças importantes que podem reorientar as análises do pós-modernismo historiográfico em uma direção ou outra. Do mesmo modo, é possível deslocar o olhar analítico para o que está por trás das "metanarrativas" ou da "aliança entre utopia e história", conforme o caso. Surge então a ideia de que a pós-modernidade introduz a "Crise da ideia de progresso". A ideia de Pro-

---

6. Remo Bodei (n. 1938) observa que, desde o século III a.C., as utopias eram concebidas, geograficamente, como "lugares" - muito habitualmente ilhas - nos quais existiam sociedades perfeitas, mas não pertencentes ao mundo conhecido (BODEI, 1997, p. 74). A estes mundos espacialmente apartados os náufragos e viajantes iam dar por acaso, e as "utopias" antigas eram de fato mundos impossíveis e irrealizáveis, que serviam para confrontar o Presente e seus limites, tal como havia feito Platão com sua *República* ou como faria Thomas Morus com a sua *Utopia*. Contudo, no século XVIII surge a primeira utopia temporalizada, situada no futuro: a que é descrita no romance de Louis-Sébastien Mercier (1740-1814) intitulado *O ano 2440* (1771). A partir daí a ideia adentra a história. A utopia deixa de ser "impossível" para ser "realizável", e deixa de ser um não lugar no espaço para ser um lugar no futuro, em cuja direção a história caminha. A História passa a ser dotada então de um *telos*. Este poderia ser um paraíso na terra ou um mundo sem desigualdades, ou ainda o Império da Razão. Teria sido este grande padrão o que entra em crise em tempos recentes, e não propriamente as ideologias. Cf. Bodei, 2001, p. 74-76.

gresso, como tão bem esclarece Robert Nisbet em seu ensaio sobre *A história da ideia de progresso* (1985), passara a desempenhar no século XVIII um papel central na maior parte das visões de mundo desenvolvidas no Ocidente, constituindo um fator importante para a Identidade das sociedades, grupos e indivíduos (DIEHL, 2002, p. 21-44). Deste modo, conforme observa Alain Touraine em seu artigo "Modernidade e especificidades culturais" (1989, p. 43-457), a "Crise da ideia de progresso" não poderia deixar de levar à Crise da Identidade, repercutindo em setores diversos e dando origem a outras crises, tal como a Crise da Legitimidade dos Sistemas Políticos. Estas ideias também foram bem desenvolvidas por Touraine em seu ensaio *Crítica da Modernidade* (1995), e certamente ilumina aspectos importantes do complexo contexto social, cultural e político dos tempos recentes.

A análise de Fredric Jameson sobre o pós-modernismo 3

A mais brilhante análise da pós-modernidade encontra-se provavelmente nas teses de Fredric Jameson[7] sobre a temática, estas que procuram enxergar, como já diz o título de seu principal livro: o "Pós-Modernismo como Lógica Cultural do Capitalismo Tardio"[8]. Não nos deteremos demasiado nesta precisa análise, uma vez que logo teremos que abordar a questão da História e Pós-Modernidade. Contudo, lembremos o quadro que Jameson desenha de um mundo no qual, em novo momento do capitalismo multinacional, ocorrera uma extraordinária expansão tecnológica e comunicacional que passara a se tornar a principal fonte de lucro e inovação sob o contexto do predomínio empresarial das corporações multinacionais e o concomitante deslocamento do trabalho industrial para o universo de baixos salários dos países periféricos. Nesse mundo que incluía um poder sem precedentes da Mídia, a cultura expandira-se a ponto de se tornar coextensiva à economia,

7. Fredric Jameson construiu sua projeção intelectual a partir de seus trabalhos na esfera da Crítica Literária, vindo a dirigir o Programa de Pós-Graduação de Literatura da Duke University. Suas obras, por outro lado, alcançaram extraordinária repercussão entre os historiadores.

8. A periodização proposta por Jameson – definindo o chamado "Capitalismo Tardio" – parte da formulação do economista belga Ernest Mandel (1923-1995) na obra que leva o título *O Capitalismo Tardio* (1972) – hoje correspondente à "globalização" – seria correspondente ao atual e terceiro estágio do sistema capitalista (que já teria conhecido duas fases anteriores, a do "capitalismo de mercado" e a do capitalismo monopolista ou imperialista (MANDEL, 1982).

gerando uma sociedade globalizada na qual todo objeto material ou serviço imaterial transforma-se em produto vendável. Guardemos este ponto, pois vai nos ajudar mais adiante a explicar por que a Historiografia se transforma ela mesma em produto de consumo que, em alguns casos, predispõe alguns dos sujeitos produtores do conhecimento histórico a toda ordem de concessões à Grande Mídia, pulverizando seus objetos de estudo para oferecer às diferentes faixas do público consumidor o produto historiográfico de sua predileção em um novo padrão de operação historiográfica no qual por vezes se deslocam para segundo plano instâncias que até então sempre haviam sido centrais para a história, como a precisão no trabalho com a base documental ou a obrigação de se ater a enunciados verdadeiros (embora mediados pelas diversas subjetividades que o historicismo moderno e outras correntes haviam reconhecido como inerentes ao trabalho do historiador).

A Cultura, agora convertida na carne e na trama da vida e da existência no Capitalismo Avançado, transformava-se em uma "segunda natureza" (JAMESON, 2006, p. 13). Afirmavam-se nos setores mais relativistas, céticos e desiludidos da intelectualidade ocidental, a "Morte do sujeito", o rompimento das identidades tradicionais, os abalos violentos naquilo que Koselleck chama em seu livro *Futuro Passado* de "campo da experiência" e "horizonte de expectativas", ocasionando na pós-modernidade capitalista a sensação de um Passado sem Memória e um Futuro sem Esperança como tendência existencial predominante[9]. Estamos aqui diante

9. Em uma outra perspectiva, John Harold Plumb (1911-2001) já havia falado em uma "Morte do Passado", no ensaio que recebeu este mesmo nome (1970): "A força do passado em todos os aspectos da vida está distante; distante e muito mais fraca do que há uma geração [...]. Na verdade, poucas sociedades chegaram a ter passado, numa dissolução tão galopante como esta" (PLUMB, 1970, p. 15).

de uma das principais características do Pós-Moderno apontadas por Jameson: a "perda da historicidade" (2006, p. 13-14). Como poderia a Historiografia, tão dependente do senso de Passado e das expectativas de Futuro, atravessar este vendaval sem produzir os seus questionáveis simulacros de História, prontamente incorporados pelo Mercado Mundial como agradáveis objetos de consumo? Tinha-se também aqui, de acordo com um dos desdobramentos analisados por Jameson, "a ascendência do espacial sobre o temporal", consequência da instituição cotidiana da simultaneidade de eventos através da unificação virtual do planeta. Como não ver aí mais contragolpes a serem enfrentados criativamente pela Historiografia contra um mundo de superficialidades e de ausência de afetos, agora fascinado pelo "Histérico Sublime"? Oscilando entre a euforia do entusiasmo consumidor e a depressão niilista, o mundo pós-moderno encontra aqui a sua patologia existencial.

Uma parte importante da análise de Jameson, e que talvez seja útil para a avaliação de certos setores pós-modernos da historiografia contemporânea, foi a identificação do "Pastiche" como uma forma pós-moderna privilegiada. Em uma reflexão sobre este aspecto da análise jamesoniana, Perry Anderson assinala em seu livro *As origens da Pós-Modernidade* a emergência de algumas tendências literárias:

> baralhar não apenas estilos, mas as próprias épocas à vontade, revolvendo e emendando passados artificiais, misturando o documental com o fantástico, fazendo proliferar anacronismos, numa revitalização do que ainda deve ser chamado de romance histórico (ANDERSON, 1998, p. 73).

Sem registrar aqui um posicionamento em favor ou contra esta ou aquela alternativa historiográfica, vale aqui examinar o mercado livresco para verificar como tem crescido o número de historiadores que, ainda que sem possuir uma boa formação literária, tem se arriscado a experimentar uma espécie de romance histórico na qual não fica claro para o leitor se ele está atuando como historiador – de acordo com os parâmetros habituais da prática disciplinar – ou como literato. Naturalmente que, entre aqueles que são por natureza polivalentes e capazes tanto para a história como para a literatura, há também soluções extremamente interessantes. Mas deixemos este aspecto para outro momento da análise.

Fenômeno também abordado por Jameson é o do esboroamento dos limites da investigação cultural no ambiente intelectual pós-moderno. Aqui, o crítico marxista expressa-se em termos de uma "diluição das fronteiras entre as disciplinas"[10]. Disciplinas as mais diversas parecem, segundo a perspectiva de Jameson, "cruzar-se em investigações híbridas e transversas que não mais podiam ser situadas em um ou em outro domínio" (ANDERSON, 1998, p. 73)[11]. Eis, enfim, alguns dos aspectos assinalados por Fredric Jameson em uma das mais lúcidas análises elaboradas sobre o contexto da Pós-Modernidade Capitalista e alguns de seus resultados no mundo da Cultura. Para além dos aspectos mencionados, seria possível trazer para este contexto ainda outros fatores, como

10. Jameson refere-se aqui ao mesmo fenômeno que François Dosse, em *A História em migalhas* (1987), avalia como "um perigoso exagero da interdisciplinaridade" – esta mesma interdisciplinaridade que havia sido tão bem-articulada pelas duas primeiras gerações da Escola dos *Annales*, e que agora, na *Nouvelle Histoire*, parece a Dosse uma ameaça de esboroamento da história em um campo indefinido, anulando-a.

11. Jameson, a este respeito, faz uma crítica à obra de Michel Foucault. Vale também checar os comentários de Culler em um texto de 1985 intitulado *On Desconstruction*: "Os praticantes de algumas disciplinas particulares reclamam que textos que consideram da sua modalidade têm sido estudados fora da matriz disciplinar que lhes é própria: estudantes de teoria leem Freud sem se perguntar se a pergunta posterior em Psicologia possa vir a ter discordado de seus postulados; leem Derrida sem possuir embasamento na tradição filosófica; leem Marx sem estudar as descrições alternativas de situações econômicas e políticas" (p. 8).

a “revolução informacional” examinada por Jean Lojkine, dez anos depois, no livro que leva este nome (LOJKINE, 1995), e que avalia para as décadas recentes o aparecimento de uma nova época, já distinta do período industrial, na qual se interpenetram informação e produção. Passaremos, em seguida, a abordar algumas questões já mais propriamente historiográficas. Será oportuno iniciar a discussão com algumas questões lançadas por Ankersmit no seu texto sobre “Historiografia e pós-modernismo” (1989).

4 Historiografia e Pós-Modernismo: a polêmica de Ankersmit

Frank Ankersmit (n. 1945), no artigo que publicou na revista *History and Theory* em 1989 sobre "Historiografia e Pós-Modernismo", conseguiu ao mesmo tempo lançar no meio acadêmico uma polêmica que teve bastante repercussão, levantar algumas expectativas e propostas para as décadas seguintes, e também estabelecer um bom balanço de algumas questões importantes que se fizeram incidir na prática historiográfica através das vertentes pós-modernistas e tendências comportamentais da Pós-Modernidade como um todo. Antes de abordá-las, vale a pena lembrar a data em que foi escrito: 1989.

1979 havia sido um ano primordial para as nascentes reflexões sobre o pós-modernismo e outras radicais críticas à racionalidade contemporânea. Daquele ano podemos citar o próprio texto de Lyotard sobre a *Condição Pós-Moderna*, mas também a publicação de uma importante conferência de Michel Foucault intitulada *A verdade e as formas jurídicas*, o polêmico artigo de Lawrence Stone sobre "O retorno da narrativa" e o lançamento do instigante livro *O retorno de Martim Guerre*, de Natalie Davis, com um igualmente notável Prefácio do historiador italiano Carlo Ginzburg denominado "Provas e possibilidades", no qual são encaminhadas algumas críticas a *A meta-história*, de Hayden White (1973).

Uma década depois, 1989 logo se transformaria em um importante ano de balanços, referenciando esta polêmica sobre pós-modernidade que fora tão intensa nos anos de 1980. São deste ano não apenas o balanço de Ankersmit, do qual aqui trataremos, como também outro polêmico artigo de David Harlan, que teceu para a *American History Review* inquietantes considerações sobre os abalos provocados na História por aquilo que chamou de "Retorno da Literatura" (1989).

De igual maneira, o mercado editorial receberia neste mesmo ano o livro *Cultura Pós-Moderna*, de Steven Connor, e o ensaio "Contra o Pós-Modernismo", de Alex Callinicos, que logo seria seguido, em 1990, pelo ensaio *Condições da Pós-Modernidade*, de David Harvey. Dois anos antes, François Dosse havia publicado seu livro *A História em Migalhas* (1987), e é oportuno lembrar que 1989 – para aproveitar o já emblemático bicentenário da Revolução Francesa – também seria alçado a data comemorativa em torno dos sessenta anos da Escola dos *Annales*, o que também motivaria novos balanços historiográficos importantes sobre o movimento da *Nouvelle Histoire.*

À contraluz deste ambiente intelectual, também estavam as repercussões da queda do muro de Berlim, em novembro de 1989, forçando a rediscussão sobre os caminhos do socialismo real e que constituía o lance final de um processo que motivara Francis Fukuyama a publicar no mesmo ano de 1989 um bombástico artigo no qual pretendeu anunciar "O Fim da História" (1989)[12].

---

12. A crise do pensamento marxista já vinha sendo examinada desde 1979 no próprio seio das reflexões elaboradas pelo Materialismo Histórico. Paul Sweezy, em um artigo para a *Mensual-Monthly Review* que recebeu o título de "Socialismo Real e crise da teoria marxista" (1979), e Perry Anderson, com seu ensaio "A crise da crise do Marxismo" (1984), deram-lhe análises bem-acabadas.

Para além do contexto social e editorial acima citado, 1989 também foi o ano de publicação de uma importante obra de Frank Ankersmit intitulada *O efeito de realidade na escrita da história* (1989), obra na qual o autor incorpora o conceito de "efeito da realidade" que havia sido proposto por Roland Barthes nos ensaios "O efeito de realidade" e "O discurso da história", ambos publicados no livro *O rumor da língua*, também editado no ano de 1989. O ano de publicação do polêmico artigo de Ankersmit sobre "Historiografia e Pós-Modernismo", portanto, é um marco que explicita a sua adesão a interesses temáticos voltados para as relações entre História e Discurso, e isto se refletiria por toda a sua produção historiográfica e filosófica subsequente através de obras que se movimentam entre noções como "metáfora" e "representação", tal como nos seus ensaios mais recentes sobre *A representação histórica* (2001) e *A representação política* (2002).

Naquele momento de grandes balanços que foi o ano de 1989, Ankersmit resolve escrever o seu artigo sobre "Historiografia e Pós-Modernismo". Irá situar entre os grandes traços da pós-modernidade (uma época) a tendência ao "antiessencialismo" e ao "antifundacionalismo" (ANKERMAN, 1989, p. 130), o que de alguma maneira dialoga com a ideia de que a crise das metanarrativas seria o traço principal da *Condição Pós-Moderna*, tal como proposta dez anos antes por Lyotard (1979). Mas, ao mesmo tempo, Ankersmit irá falar nesse artigo de "pós-modernismo" e de uma "historiografia pós-modernista". Isto é, pretende abordar uma tendência de quebra de paradigma que se relaciona a uma nova postura historiográfica que é gerada nesta pós-modernidade, mas que não exclui outras posturas nesta mesma época (embora, ao final do seu artigo, Ankersmit deixe no ar uma espécie de conclamação aos historiadores para aderirem ao novo tipo de história, que é precisamente o que provocou réplicas como a de Zagorin). Vejamos, antes de mais nada, a parte do artigo de Frank Ankersmit que constitui o balanço do momento atual, e que começa por discutir a questão da superprodução na área de História, até certo ponto uma consequência da própria superpopulação de historiadores, já que haveria nos dias de hoje mais historiadores em atividade do que o total efetivo de historiadores desde Heródoto até os anos de 1960 (ANKERSMIT, 1989, p. 115).

O ponto de partida desta primeira querela pós-moderna é uma questão que já havia sido tratada por Michel Foucault e que logo seria retomada pelo filósofo francês em *A ordem do discurso* (1992) em uma passagem na qual ressaltava a crescente afirmação de um gênero na ordem do discurso: o dos "Comentários". As últimas duas décadas haviam trazido, de acordo com as colocações iniciais de Ankersmit, uma proliferação de ensaios sobre outras obras. Para se aproximar de um determinado pensador, não mais se abordava diretamente a obra deste, mas tinha-se à disposição um grande número de textos sobre o texto: infindáveis discussões sobre a interpretação da obra dos vários autores iconizados como significativos. O Comentário do Comentário – e as suas infindáveis cadeias de réplicas e tréplicas – tornara-se um gênero que seduzia bastante a intelectualidade, e o texto original que motivara uma determinada guerra de interpretações praticamente parecia desaparecer, soterrado por inúmeros outros textos e transformado em mero pretexto – fetichizado, sim, mas esboroado e empalidecido ou, para utilizar a metáfora empregada por Ankersmit, "uma aquarela na qual as linhas se fundem" (ANKERSMIT, 1989, p. 113).

O efeito mais imediato desta superprodução incentivada pela academia e pelo mercado parece ser, desta maneira, a inevitável cobertura de qualquer texto ou tema mais significativo por uma "espessa e opaca crosta de interpretações". Resumindo a primeira questão indicada por Ankersmit, "não temos mais texto, mais passado, apenas interpretações deste" (ANKERSMIT, 1989, p. 113). Realizava-se, na Pós-Modernidade, a questão para a qual Nietzsche lançara um fatídico alerta em 1874, nas suas *Considerações extemporâneas* sobre "Os usos e desvantagens da história para a vida": a historiografia em si parecia impedir a visão sobre o passado, convertendo-se na própria realidade (ANKERSMIT, 1989, p. 114).

A superprodução historiográfica recente, que seguiu pelas duas décadas posteriores ao ensaio de Ankersmit, foi apenas um dos aspectos tratados em "Historiografia e Pós-Modernismo", que entre outros assuntos buscou refletir sobre os caminhos da especialização na pós-modernidade, os usos e o fetiche da informação, a desconstrução da discussão sobre a cientificidade da História, os imbricamentos entre Linguagem e História, ou o rompimento com a tradicional distinção entre "forma" e "conteúdo" – aspecto que traz para primeiro plano a questão da escolha ou da importância do estilo narrativo e das escolhas formais para os historiadores que se aproximam do viés pós-modernista (mas também para outros).

Os pontos mais polêmicos do artigo de Ankersmit, contudo, e que provocaram uma réplica de Zagorin na mesma revista *History and Theory*, em 1990, referem-se ao paralelo final entre historiografia modernista e historiografia pós-modernista, com algumas implicações que o levaram a propor um caminho para o futuro. Os três pontos principais, replicados por Zagorin e com suas próprias palavras críticas, seriam respectivamente (1) a ideia de que o historiador, daqui em diante, deveria renunciar à ideia de explicação e ao princípio de causalidade; (2) a renúncia à Verdade Histórica; e (3) a redução da historiografia a uma atividade estética (ZAGORIN, 2001, p. 140). Vejamos, contudo, como o próprio Ankersmit encaminha sua argumentação,

Ankersmit sustenta, antes de mais nada, uma posição distinta de modernistas e pós-modernistas no que se refere ao trato ou à maneira de conceber as fontes históricas ("evidências", segundo o seu vocabulário). A historiografia modernista sempre se teria baseado fundamentalmente na ideia de que o historiador utiliza as evidências para encontrar por trás dela uma realidade histórica, que é o seu objetivo último. Já para o olhar pós-modernista, as evidências não apontariam para o passado, mas para interpretações do passado (ANKERSMIT, 1989, p. 124).

Ankersmit utiliza como exemplificação o posicionamento transmitido por George Duby em uma célebre entrevista a Lardreau datada de 1980. Nesta, Duby afirma que a principal evidência, para ele, está no não dito, naquilo que uma época não diz a respeito de si mesma. Exatamente o que é mais característico a uma época (como a água para um peixe, segundo uma metáfora de Ankersmit) é o que uma época não pode perceber sobre si mesma, de modo que o historiador deve buscar essa apreensão da essência de uma época precisamente através "do que não foi dito, do que foi apenas sussurrado, ou do que foi expresso em detalhes insignificantes" (ANKERSMIT, 1989, p. 125). Esta perspectiva apresentada por George Duby parece se aproximar, de alguma maneira, de algumas das proposições dos micro-historiadores italianos, uma vez que também estes incluem entre seus procedimentos a possibilidade de reconhecer um período, uma sociedade ou uma prática não através daquilo que lhe é mais característico, mas sobretudo daquilo que lhe escapa, como a pista que o criminoso deixa inadvertidamente no local de um crime depois de falsificar todos os aspectos importantes da cena do crime, ou como o falsificador de quadros que, ao imitar um artista, copia rigorosamente todos os gestos estilísticos mais característicos, mas termina por deixar uma abertura para que se perceba a falsificação em um detalhe de menor importância. Esta argumentação sobre a necessidade de atentar para o detalhe revelador é desenvolvida por Carlo Ginzburg em seu famoso texto "Raízes de um paradigma indiciário" (1986).

Voltando às reflexões de Georges Duby sobre o trato dos historiadores contemporâneos com as evidências do passado – e à releitura que delas faz Ankersmit em uma sequência na qual comparará a historiografia pós-moderna à psicanálise – essa maneira singular de lidar com as evidências não aponta para algo que se esconde por trás destas evidências no passado, mas sim para algo que "adquire significado e importância quando confrontado com a mentalidade da época posterior, na qual vive o historiador" (ANKERSMIT, 1989, p. 125). Os traços essenciais de uma época revelam-se apenas por contraste com um outro período, e o historiador estaria apto a apreender algo do Passado a partir das evidências precisamente no momento em que "projeta um padrão sobre os vestígios". O interesse, então, recai na interpretação, e não em algo que já existe por trás das fontes independentemente da ação do historiador.

A perspectiva proposta por Duby, enfim, aponta para a possibilidade de construir a História através do não dito, do que foi suprimido (intencionalmente ou não), do detalhe, do que teria parecido irrelevante para uma época, mas que se torna revelador para outra. Extrair conclusões de um silêncio, por fim, introduz o historiador diretamente em uma perspectiva de interação com as fontes, já que não é possível simplesmente buscar uma verdade escondida atrás de um silêncio, sendo necessário fazer incidir uma pergunta, um padrão sobre este silêncio para que ele fale a uma outra época e revele traços que a própria época histórica examinada não percebeu sobre si mesma, não quis perceber, ou buscou suprimir, seja a partir dos caminhos intencionais, involuntários, conscientes, ou inconscientes. E mais, se tal abordagem pôde (e teve que ser utilizada necessariamente) com o silêncio, é perfeitamente possível estendê-la também para o dito, mas examinando-o agora de uma nova maneira: a evidência seria examinada não para dar a perceber o que já está escondido previamente atrás dela pela própria época, mas para dar a perceber o que também só adquirirá visibilidade através do padrão sobre ela lançado pelo historiador.

Naturalmente que algumas críticas devem ser feitas, em outros pontos, ao texto de Ankersmit. A certa altura ele parece delinear a história pós-moderna como a das mentalidades. Isto não coincide com os desenvolvimentos historiográficos das últimas décadas: as mentalidades, ou a "História das Mentalidades" (ANKERSMIT, 1989, p. 126), foi se configurando mais em um campo histórico, como a História Cultural ou a História Econômica. Já uma história pós-moderna deveria ser entendida como uma outra maneira de conceber a história, independente da modalidade de história ou dimensão pela qual se interessa o historiador (a Cultura, a Política, a Economia, as Mentalidades etc.). Dificilmente poderia se chamar de "pós-moderno" ao historiador marxista Michel Vovelle, que a si mesmo se define como historiador das mentalidades. Uma História Pós-Moderna (ou melhor dizendo, uma História Pós-Modernista) deveria ser considerada como a proposta de um outro paradigma, em contraste com a História Modernista (ela mesma também podendo se interessar pelos campos da Cultura, Economia, Mentalidades, e outros). O pós-Moderno – a História Pós-Moderna – poderia e deveria ser comparado a alternativas no âmbito de paradigmas como o Positivista, o Historicista, o Modernista-Estruturalista, e outros[13].

---

13. Em uma outra passagem do seu artigo, por outro lado, Ankersmit já se refere à história das mentalidades como um campo que se abre favoravelmente ao pós-modernismo, mas já dá a entender que pós-modernismo e mentalidades não se recobrem um ao outro: "Através da historiografia pós-modernista, encontrada especialmente na história das mentalidades, uma ruptura é feita, pela primeira vez, em relação a essa tradição essencialista centenária" (ANKERSMIT, 1989, p. 128).

Isso, destarte, acaba sendo empreendido por Ankersmit na continuidade do seu artigo, já que opõe o "paradigma pós-moderno" ao conjunto de todos os paradigmas anteriores, cuja marca teria sido a busca de identificação de uma "essência do passado", e que Ankersmit unifica sob o rótulo de uma "tradição essencialista" (e, em outro momento, um tanto contraditoriamente, de um "existencialismo historiográfico") (1989, p. 127, 128). O paradigma pós-modernista para Ankersmit, que utiliza a metáfora da árvore, não recai mais sobre o tronco ou sobre os galhos, mas sobre as folhas. Ou sobre o que ele também chama de as "migalhas", embora não pejorativamente. A expressão, é claro, referencia o termo "História em Migalhas" que, conforme veremos no próximo capítulo, fora popularizado dois anos antes através da extraordinária repercussão da tenaz crítica de François Dosse contra a *Nouvelle Histoire* (a terceira geração dos *Annales*) que ele via em ruptura com relação à Escola dos *Annales* propriamente dita (DOSSE, 1987). Na verdade, a expressão "história em migalhas" havia sido proferida em uma entrevista por Pierre Nora, o principal organizador de livros do grupo da *Nouvelle Histoire*, que não a utilizara depreciativamente, é claro. Também não haverá uso depreciativo da expressão da parte de Ankersmit. De todo modo, teria chegado o momento de pensar o passado, mais que de investigá-lo, e Ankersmit propõe a ideia de que "o nosso *insight* sobre o passado e a nossa relação com ele serão, no futuro, de natureza metafórica, e não real" (ANKERSMIT, 1989, p. 131).

A crise da história total e a fragmentação da História

5

A fragmentação da História em uma multiplicidade de temáticas, por vezes ao sabor das modas historiográficas trazidas pelo mercado editorial nestes tempos que muitos percebem como pós-modernos, assim como a partilha do discurso historiográfico em um enorme campo de historiografias parciais, desligadas de um projeto maior de religação do saber histórico em relação às demandas de uma compreensão totalizante da sociedade, tem constituído outro importante campo de polêmicas que também pode ser relacionado à historiografia moderna, embora não somente a esta.

Em 1987, François Dosse publicou um livro que se beneficiou de incomum repercussão entre historiadores e demais simpatizantes da História como disciplina acadêmica. Tratava-se do ensaio *A história em migalhas*. François Dosse escreve este livro com um endereço crítico certo: a *Nouvelle Histoire*, corrente historiográfica francesa que cultivava sua imagem em termos de corresponder a uma terceira geração dos *Annales* e que, de acordo com a demonstração de François Dosse, estaria na verdade em ruptura com relação às duas gerações anteriores da mesma escola. O problema maior identificado nesta nova geração de historiadores parecia a François Dosse ser o da fragmentação da História, o que "traíra", para utilizar a própria expressão do autor, os ideais de História Total que haviam sido tão zelosa e criativamente cultivados pelos antigos annalistas em quase quarenta anos.

Vamos desenvolver a seguir algumas considerações sobre esta "fragmentação", e também sobre a "multiplicação de histórias plurais", e não apenas relativamente à historiografia francesa, mas considerando a historiografia como um todo, pois este parece ser um dos problemas que mais têm impressionado os historiadores que se ocupam de uma reflexão sobre o seu próprio ofício. De fato, um certo saudosismo da época em que era possível sonhar com uma História Total parece atingir historiadores tão diversos como Eric Hobsbawm ou como Joseph Fontana, que discute o tema no último capítulo de seu ensaio *A história dos homens* (2000).

Quando François Dosse fala em uma "fragmentação da História", ou mais especificamente em uma "História em Migalhas", está se referindo a uma pulverização imprimida na história pela *Nouvelle Histoire*, a partir de 1968, quando se modificam os interesses historiográficos e editoriais do movimento que um dia ficara conhecido como Escola dos *Annales*. Com os novos historiadores franceses da *Nouvelle Histoire*, estaria ameaçada a própria identidade da história, já que estes vinham investindo na pulverização da produção historiográfica em uma desconectada quantidade de novos objetos e modalidades historiográficas, sem ligação umas com as outras (REIS, 2000, p. 188). De alguma maneira, a História teria voltado a ser objeto para colecionadores de temáticas por vezes desproblematizadas, tal como na história antiquária que havia sido tão condenada pelos próprios fundadores dos *Annales*, nos anos de 1930. Esta é a crítica de François Dosse aos historiadores franceses que, à altura de 1987 – ano em que seu livro é publicado –, dominavam institucionalmente os principais meios de produção, editoração e difusão historiográfica a partir do insistente discurso de herança e continuidade em relação ao projeto original dos *Annales*. Seu livro *História em migalhas* (1987) tem portanto o tom da denúncia de uma impostura, e é encaminhado de fora, por um historiador que não pertence ao círculo privilegiado pelos novos dirigentes dos *Annales*.

Ao abordar o contexto que teria favorecido a pulverização historiográfica encaminhada por historiadores da *Nouvelle Histoire* nos anos de 1980, François Dosse denuncia as concessões à Mídia, ávida por objetos fáceis, superficiais, curiosos, por vezes esdrúxulos, mas de todo modo brilhantes como lantejoulas prontas a assegurarem uma fatia significativa do mercado editorial e midiático. Ao aceder ao apelo e imposições da mídia por transformar a História em uma fábrica de mercadorias historiográficas de consumo, os *Annales* estariam dando encaminhamento a um Projeto conservador de falsa assimilação das diferenças, já que o resultado final da apresentação de uma miríade de objetos curiosos para o mercado de consumo seria a superposição de diferenças desconectadas entre si e sem relação a um centro, que não existiria. No limite tende-se à exposição antiquária de objetos diferentes em plena pós-modernidade.

Para além da fragmentação temática, um segundo aspecto que se liga ao movimento geral de pulverização da História é o da emergência das "histórias plurais". Este âmbito da pulverização historiográfica deve ser atribuído a outra tendência emergente nos últimos tempos, o pós-modernismo historiográfico. Criticando esta tendência em seu texto "Começando o século 21", inserido como capítulo na coletânea "Um historiador fala de teoria e metodologia", Ciro Flamarion Cardoso define as "histórias plurais" como "histórias que são *de* e *para* grupos definidos" (CARDOSO, 2005, p. 100). Sua análise vai encontrar as raízes desta história setorizada - que representa o descrédito em relação às grandes análises holísticas da história - nas desilusões de uma geração que teria assistido aos fracassos do socialismo real desde os tempos do segundo pós-guerra, passando pela desilusão existencialista, e que em 1968 atinge a maturidade voltando-se para os chamados "movimentos parciais de luta" – o feminismo, o ecologismo, o regionalismo, o movimento negro, o movimento gay. Ao mesmo tempo, outros componentes desta mesma geração teriam desembocado no neoconservadorismo, no neoliberalismo, e em outros posicionamentos sociais. Neste grande contexto teria ocorrido um deslocamento das leituras progressistas sobre o século XX para as leituras que retratam este século como um grande período de atrocidades e explorações desumanas, tal como diagnostica Alex Callinicos em seu livro *Contra o Pós-Modernismo* (1989).

Todo este contexto de grandes desilusões contemporâneas em relação a uma história-efetiva que trouxera totalitarismos e esperanças traídas, bem como tecnologias voltadas não apenas para o bem-estar humano, mas também para a manipulação das massas e para a destruição em massa, vira-se acompanhado no plano intelectual pelo fenômeno que se convencionou chamar de "morte dos centros". A centralidade do discurso historiográfico europeu já vinha sendo criticada há tempos, e, mesmo pelos próprios europeus, já não encontravam grande aceitação as metanarrativas que situavam este continente como lugar privilegiado para se entender a história da humanidade. Questionava-se agora o próprio lugar da ciência como forma central de conhecimento para a compreensão da realidade, e, no limite, questionava-se a própria ideia de realidade como apreensível pelo intelecto humano e, em particular, pela história. Ruíam mesmo camadas novas de discursos científicos. Modelos que tinham um dia dado a sua contribuição para o próprio descentramento do homem ocidental e do racionalismo, como a análise da Psicanálise sobre o inconsciente humano, eram agora também qualificados como "metadiscursos" ou sistemas holísticos da compreensão humana a serem desconstruídos. A atitude pós-modernista, por assim dizer, tendia a impor a todos os discursos um ceticismo em muitos casos imobilizador. Em certos setores da intelectualidade moderna, vive-se o relativismo absoluto do niilismo contemporâneo.

A parcelarização da História em uma pluralidade de histórias que se voltam para as várias identidades localizadas é de certo modo mais uma resposta à crise da História Total. Mas devemos nos perguntar se ela resolve a crise, ou se apenas encaminha uma nova crise. De fato, esta segunda fragmentação da História, não mais em migalhas temáticas – para retomar a expressão celebrizada por François Dosse –, mas agora em "histórias plurais", também traz desconexão, perda de sentidos.

Há ainda uma terceira ordem de fragmentações que deve ser pensada para a compreensão dos problemas da historiografia contemporânea, e que de certa forma fica mais explícita quando examinamos as heranças contemporâneas (ou pós-modernas) da Escola dos *Annales*. Denominaremos esta ordem de fragmentações de "interdisciplinaridades fragmentadas", e a situaremos no seio de uma crise de um antigo projeto interdisciplinar que a história abarcara sob a influência decisiva das primeiras gerações da Escola dos *Annales*.

O que era, nos seus primórdios a Interdisciplinaridade? Uma inusitada riqueza trazida pelo diálogo entre saberes distintos estava prevista tanto pelo projeto de Síntese Histórica antevisto por Simiand, como pelo projeto interdisciplinar proposto por Bloch e Febvre de modo a estabelecer a identidade fundamental de um novo padrão historiográfico que seria o dos *Annales*. Com a interdisciplinaridade proposta na primeira metade do século XX, o historiador era conclamado a abandonar a exclusividade dos limites de sua própria disciplina para apreender de outros campos de saber novos métodos, novos aportes teóricos, novos pontos de vista, novos objetos de estudo a serem constituídos. Além disto, estabelecia-se uma cooperação entre especialistas de campos diversos, para benefícios de todos. A visão historiográfica se ampliava; o historiador era conclamado a desenvolver uma visão mais abrangente, uma compreensão mais rica sobre as possibilidades do seu próprio ofício.

A expansão da História no decurso de todo o século XX, sob o espírito da interdisciplinaridade, foi certamente um fato. Surgiram novos campos, desde os gerados por diálogos com disciplinas já clássicas como a Economia, a Geografia, a Sociologia e a Antropologia, até novas possibilidades como as interações com a Ecologia ou com o Cinema. A partir destes múltiplos diálogos, produziam-se inúmeros campos intradisciplinares, internos à própria História. Agora faziam parte do universo possível aos historiadores a História Econômica, a Geo-História, a História Cultural, a História das Mentalidades, a História Ecológica, a História do Imaginário, entre vários exemplos que poderiam ser aventados, para além das inúmeras modalidades historiográficas também geradas por objetos de estudos que passaram a definir uma História da Mulher, uma História da Loucura, uma História dos Marginais, e tantas outras possibilidades.

Ocorre que muitos historiadores começaram a se especializar nestes diálogos interdisciplinares, criando exatamente o efeito oposto do que estava previsto pelo projeto interdisciplinar original: as fronteiras fechadas, os muros erguidos pelos especialistas, a hiperespecialização que impede a comunicação e inibe a visão abrangente, o diálogo, a apreensão do humano em uma totalidade desejável. Os diálogos no interior da própria história, quando se fazia um mau uso da especialização intradisciplinar, tornavam-se difíceis. O historiador econômico só dialogará com os seus pares – não mais considerados os outros historiadores, mas os demais historiadores econômicos; os eco-historiadores estariam aprisionados no interior do seu pequeno ecossistema intradisciplinar; os praticantes da psico-história comunicavam-se agora com um código próprio. Em muitos casos, não se criava um espaço de interação entre as próprias subespecialidades da História, e o campo disciplinar historiográfico mostrava-se fragmentado, compartimentado. Existem, claro, soluções bastante enriquecedoras e exequíveis, entre as quais a proposta de examinar a multiplicação interna da historiografia como um vasto repertório de conexões a serem estabelecidas. Nesta perspectiva, o historiador não deveria especializar-se definitivamente nos campos intradisciplinares, e sim circular entre eles, ou ao menos conhecer amplamente as possibilidades internas da historiografia para assegurar a possibilidade de uma leitura mais abrangente dos fenômenos históricos. Contudo, um desenvolvimento paralelo que foi o do estímulo acadêmico à especialização parece ter conduzido muitos historiadores a um voluntário isolamento em seu compartimento de estudos. Tomava forma, desta maneira, um novo nível de fragmentação: o isolamento intradisciplinar.

As três ordens de fragmentação que acabamos de discutir colocam em xeque os modelos de História Total, as leituras historiográficas como sistema, e as abordagens que procuram perceber um certo sentido na História. Devemos nos perguntar agora se, diante das incertezas produzidas pelos três tipos de fragmentação indicados, podem ser entrevistas neste complexo horizonte historiográfico possíveis soluções. Estará mesmo perdida a História Total, aquela que pensava a historiografia em termos de grandes análises destinadas a retornar à sociedade com vistas a uma compreensão de si mesma? Joseph Fontana, no último capítulo de *A história dos homens* (2000, p. 473), apresenta uma expectativa interessante. Na verdade, o que teria entrado em crise nas últimas décadas não seria propriamente a História Total em si (i. é, a ideia de uma "história total" em si mesma). O que teria entrado em crise teria sido uma "História Total" específica: a História Total eurocêntrica.

Teria sido precisamente o novo contexto mundial, em que se multiplicaram os destaques para diversos centros políticos e econômicos, passando a incluir as Américas, a Ásia, os países islâmicos exportadores de petróleo, o que trouxera um elemento contextual de crise para aquele antigo modelo eurocêntrico que situava os países europeus no centro e no topo de uma história que se desenrolava como metanarrativa progressista e teleológica. Como ignorar a história da China em um contexto contemporâneo no qual esta apresenta um impressionante crescimento econômico, ou como ignorar o Islã, quando muitas das suas nações exportadoras de petróleo redefiniram os rumos da Economia Mundial nos anos de 1970? Em outro âmbito, bem distinto, como ignorar, no contexto de uma sociedade dita democrática como a dos Estados Unidos, a necessidade de uma história dos nativos americanos que fosse colocada nos seus próprios termos, tal como propõe Georg Sioui em seu ensaio *Por uma auto-história ameríndia*, publicado em 1992? O problema desta crise de representações sociais na historiografia americana é bem-colocado por Rosenzweig em seu importante ensaio sobre o "passado coletivo de negros e índios americanos" (ROSENZWEIG & THELEN, 1998, p. 147-176). Problemas como estes são fulcrais para se entender as crises da historiografia contemporânea, uma vez que para esta conflui outra das mais importantes crises da História-Efetiva: a crise das identidades na Pós-Modernidade. Em um âmbito mais vasto, porque toca na questão da utilização da historiografia para atender aos interesses imperialistas, poderia ser citada ainda a polêmica denúncia encaminhada por Edward Said em seu livro *Orientalismo*, publicado em 1978, no qual mostra como a dicotomização entre o Ocidente e uma alteridade oriental produzida nos meios acadêmicos pode ser utilizada como arma para a sujeição política.

Para além da exclusão da historiografia de uma série de povos fora do circuito europeu e norte-americano, o modelo eurocêntrico-ocidental em crise também revelava nas últimas décadas do século XX outra de suas graves limitações: tratava-se também de uma história que excluía determinados grupos sociais, etnias, e que até mesmo revelava certas limitações com relação à História das Mulheres. O historiador indiano Ranajit Guha (1993), por exemplo, demonstrou como era ainda rudimentar uma História dos Camponeses nos seus próprios termos, assim como também a história de outros grupos sociais que passou a reunir na rubrica dos "estudos subalternos" (1996).

O que nos mostram exemplos como estes? Em sociedades que se apresentam como democráticas, nem sempre a historiografia oferece representatividade para etnias e grupos sociais que a compõem. Quando os abordam, dificilmente a historiografia se mostra construída nos seus próprios termos. De igual maneira, trona-se cada vez mais insustentável o silêncio de uma historiografia ocidental em relação a países que já impõem a sua presença no cenário econômico e mundial, ao lado de outro fenômeno que corresponde à antiga manipulação conceitual e historiográfica em relação a outros povos e realidades culturais que se queria ver submetidos. Estes problemas diversos, que repercutem e se afirmam cada vez com maior intensidade nas últimas décadas, colocam a nu a inadequação de uma historiografia centrada nas nações ocidentais dominantes e na exclusão de grupos sociais, mesmo nos países dominantes, para não falar nas dificuldades de se trabalhar com a complexa questão das identidades nos tempos contemporâneos. Seria este modelo de História Total – na verdade uma falsa "história total" porque parcializada apesar do seu discurso – que teria entrado em crise e gerado respostas diversas como a das histórias parciais voltadas para os grupos sociais excluídos ou para as questões contornadas pela historiografia ocidental, tal como a questão ecológica, as questões de gêneros e tantas outras.

Em vista disto, fica a indagação: se for substituído este modelo inadequado de História Total, porque na verdade parcial e eurocêntrico, por um outro modelo que melhor expresse a pluralidade global e a diversidade social, não seria possível retomar a ideia de uma conexão histórica mais ampla, permitindo avançar para além das "migalhas temáticas" e das "histórias plurais desconectadas"? Não seria possível se pensar em uma "História Total Plural"? Mas como isso poderia se viabilizar? Estas perguntas permitem que nos situemos diante de um novo horizonte de expectativas. Por outro lado, conforme veremos no próximo capítulo, o equilíbrio entre fragmentação temática e abrangência do olhar historiográfico não constitui a única demanda destes novos tempos.

6 Narrativa e cognição histórica: interações e conflitos

A História, bem como qualquer outra das ciências sociais ou humanas, expressa-se através de uma Linguagem, da construção de um Discurso. Era uma posição bastante tradicional entre os cientistas sociais e historiadores separar de um lado "conteúdo", e de outro "forma" ou "estilo". A argumentação mais frequente era a de que o estilo – por exemplo a qualidade literária do texto ou as decisões relacionadas ao modo de apresentação do texto – não interfere no conteúdo. Ankersmit, no já discutido artigo sobre "Historiografia e Pós-Modernismo" (1989, p. 122), ilustra esta concepção com a posição de Bertels, que em certa ocasião frisara que o refinamento literário não acrescentava "um átimo de verdade" à pesquisa histórica ou ao seu resultado. Esta posição, continua Ankersmit, afirma bem-claramente a separação entre "conteúdo" e "forma" que habitualmente fora preconizada pelo discurso da historiografia modernista, e que, obviamente, ainda é plenamente representada nos dias de hoje.

Por outro lado, uma nova atenção à Linguagem e ao Discurso, considerados como fundadores e refundadores de conteúdos, foi trazida nas últimas décadas para uma parte importante do cenário historiográfico. Para isto contribuiu uma complexa rede de produções intelectuais que, em alguns casos e em outros não, passaram a ser associadas ao pós-modernismo. Não nos deteremos no ambiente intelectual que permitiu que a questão da Linguagem e do Discurso passasse a ser considerada como central para entender as ciências humanas – e neste caso seria preciso examinar a imprescindível contribuição de Michel Foucault –, mas passaremos a evocar a questão já diretamente no seio dos historiadores.

As últimas décadas do século XX intensificam cada vez mais o reconhecimento da interação entre Discurso e História, não mais apenas no nível das fontes, e sim das próprias subjetividades que circunscrevem o historiador e a prática historiográfica, e também o reconhecimento da dimensão estética da historiografia. Surgem muitas vozes a partir dos anos de 1970, vindas de várias direções, que contribuem para que a temática das relações entre História e Discurso torne-se altissonante. O estilo, frisaria Peter Gay em seu conjunto de ensaios intitulado *O estilo na história* (1974), implica também uma decisão de conteúdo; é também o que pensam os micro-historiadores italianos (LEVI, 1991, p. 153). Jacques Revel, em seu ensaio de 1996 intitulado "Microanálise e construção do social", chama atenção para o fato de que, na verdade, mesmo uma série de preços constitui de alguma maneira uma forma de narrativa, uma vez que esta organiza o tempo e produz uma forma de representação; em outro passo da mesma obra, Revel destaca a posição dos micro-historiadores como uma espécie de vanguarda nesta questão, pois estes consideram que "uma escolha narrativa decorre da experimentação histórica tanto quanto os próprios procedimentos de pesquisa" (REVEL, 1996, p. 35). Desta maneira, a experiência formal e narrativa não é apanágio da chamada historiografia pós-modernista – sendo amplamente praticada por historiadores culturais de variadas tendências e pelos micro-historiadores, alguns críticos em relação às posições mais radicais dos pós-modernistas –, mas, de todo modo, ela aqui adquire um papel particularmente importante.

A ideia de que não necessariamente o estilo é derivado do conteúdo, mas que o conteúdo pode ser derivado do estilo, é ilustrada pelas argumentações de Goodman em seu ensaio sobre *O estatuto do estilo* (1978), entre as quais a ação de que escolher um determinado objeto é já de si mesmo um discurso, frequentemente uma maneira de conceber uma questão mais ampla ou de outra ordem: Assim, as escolhas entre estudar as "batalhas renascentistas" ou as "artes renascentistas", no período que inicia a modernidade, constituem, desde o primeiro instante, em maneiras distintas de falar sobre a Renascença (GOODMAN, 1978, p. 26). Está claro, de todo modo, que após décadas de um discurso antiliterário reivindicado pela e para a historiografia profissional, a reflexão sobre a dimensão literária da historiografia precisou progredir passo a passo até conquistar um setor mais significativo da historiografia.

Em "Provas e possibilidades", um texto datado de 1979, mas revisto em 1989, Carlo Ginzburg também lembrava que, não havia muito tempo, "a maioria dos historiadores via uma nítida incompatibilidade entre a acentuação do caráter científico da historiografia (tendencialmente assimilada às ciências sociais) e o reconhecimento de sua dimensão literária" (GINZBURG, 1989, p. 194). Tinha provavelmente em mente, além de outros setores, a grande vaga de historiadores influenciada pelas primeira e segunda gerações da Escola dos *Annales*, que haviam veementemente rejeitado a tradicional narrativa historicista em favor de um estilo dominado amplamente pela análise estrutural, interdição que seguiu com bastante intensidade desde a fundação dos *Annales* e até os anos Braudel.

Os anos de 1980 – ao mesmo tempo em que trariam imprecisões interdisciplinares, pastiches vários e literatura historiográfica de ocasião para a venda em "migalhas" no mercado de consumo – abririam também possibilidades até então impensadas para a introdução de uma maior criatividade literária no estilo do historiador, e acompanhando este movimento já começavam a aparecer contribuições filosóficas fundamentais para a questão das interações entre Narrativa e História, e, para além disso, para a compreensão dos mútuos imbricamentos entre História e Discurso. Exemplo notório de contribuição relacionada à compreensão sistemática de aspectos relacionados à narrativa historiográfica é o magistral ensaio de Paul Ricoeur que leva o título da *Narrativa e História* (1983/1985).

Exemplo de contribuição para a compreensão das relações entre Discurso e História – e através deste viés as relações entre Discurso e Poder – está na vasta e impactante obra de Michel Foucault, que, para além disso, também contribuíra para o grande movimento que redimensionou o papel do conhecimento em relação às possibilidades de construção de um discurso que propõe tangenciar ou mesmo apreender a Verdade ou a Realidade. Com relação a este aspecto, o pequeno ensaio intitulado *A verdade e as formas jurídicas* (1979), que recupera uma das *Considerações extemporâneas* (1873-1874) de Friedrich Nietzsche, constitui-se em uma síntese particularmente esclarecedora sobre a relatividade de qualquer ponto de vista relacionado à intenção de apreender ou enunciar a Verdade.

Com uma série de obras que começavam a invadir nos anos de 1970, e mais particularmente nos anos de 1980, o cenário historiográfico, trazendo proposições que se distanciavam dos já clássicos padrões da análise estrutural, via-se significativamente impregnado de novas possibilidades historiográficas o chamado *Retorno da narrativa*, expressão consolidada a partir de um artigo de grande repercussão escrito por Lawrence Stone para a revista *Past and Present*, naquele mesmo ano de 1979 em que Ginzburg escrevia seu ensaio de apresentação para o livro de Natalie Davis. O "Retorno da narrativa", um assunto tão polêmico e contemporâneo que gerou em seguida uma réplica de Eric Hobsbawm para a mesma *Past and Present* (1980), era apenas a ponta de um movimento maior que trazia o Discurso para o centro das reflexões nas ciências humanas, e na História em particular.

Uma vez que, cada vez mais se reconhecia o papel do discurso e dos recursos literários na constituição do texto historiográfico, e, com o crescente reconhecimento da dimensão estética da historiografia, outro desdobramento importante se afirmava. Já que a historiografia e a arte compartilhavam uma mesma natureza em comum, isto é, a sua sobressalente dimensão estética, era lícito não mais situar necessariamente a História no campo das ciências; uma possibilidade muito percorrida pelo olhar historiográfico pós-modernista foi a de agrupar historiografia e arte por contraste em relação à Ciência. Igualmente possível era sustentar que a Historiografia combinava em uma única prática e modo de conhecimento as duas coisas: Ciência e Arte. Para dar um exemplo entre tantos, já destacando um historiógrafo brasileiro, Durval Muniz propõe em seu ensaio "História – a arte de inventar o passado", a possibilidade de considerar a historiografia como uma "protoarte próxima da Ciência e da Filosofia" (1997, p. 64). Ou seja, sem se confundir com as instâncias da Arte, da Filosofia e da Ciência, a História-Conhecimento construiria a partir de uma conexão entre estas áreas o seu próprio espaço de delimitação, a sua identidade em um mundo no qual já não haveria a imposição de um modelo de cientificidade para a História.

Em um novo contexto historiográfico no qual a historiografia permite a si mesma considerar a sua dimensão estética e a vislumbrar a possibilidade de, se não ser uma Arte, ao menos combinar a forma de expressão artística com outras modalidades de conhecimento, deve-se retornar mais uma vez à questão da legitimidade do trabalho do historiador. Para que a história não se dissolva em pura literatura ou ficção, surge como contraponto importante a sempre atualizada discussão sobre suas fontes. Mesmo no campo dos historiadores que se colocam a meia distância do que consideram exageros pós-modernistas, o cuidado com a dimensão literária e a experimentação estilística pode surgir, desde que bem-amparado nesta que é a mais irredutível dimensão do trabalho dos historiadores: o diálogo com as fontes. Traremos um exemplo de crítica contra certos exageros pós-modernistas sem que, necessariamente, se tenha de abrir mão da conquista de um maior cuidado com a forma, de uma dimensão artística, de um estilo criativo.

Um distanciamento interessante em relação aos exageros pós-modernistas de redução da História a mero discurso, que ameaça esboroar completamente a distinção entre História e Ficção, pode ser representado pela posição de Carlo Ginzburg em relação a esta questão. A posição deste micro-historiador italiano pode ser evocada a partir de um texto de 1979 intitulado "Provas e possibilidades", que é incluído como sexto ensaio do livro de Ginzburg que traz o título *A micro-história e outros ensaios* (1989). A propósito de um prefácio para o livro *O retorno de Martim Guerre*, de Natalie Davis – que, aliás, é uma obra significativa para demonstrar a busca da historiografia por novos padrões literários –, Ginzburg procura desenvolver uma discussão que se coloca criticamente em relação a historiadores como o Hayden White de *A meta-história* (1973)[14] ou o Hartog de *O espelho de Heródoto* (1980). Ginzburg

14. Para uma crítica a Hayden White, cf. ainda MANDELBAUM, M. "The presuppositions of Metha-history". In: Metha-history: Six Critiques, History and Theory. *Beihelft*, n. 19, 1980.

procura mostrar neste ensaio que "uma maior conscientização da dimensão narrativa não implica uma diminuição das possibilidades cognitivas da historiografia, mas, antes pelo contrário, a sua intensificação" (GINZBURG, 1989, p. 196)[15].

Em seguida, examinaremos uma das mais polêmicas contribuições ao debate de que a História, antes de tudo, constitui um discurso em forma de prosa que guarda íntimas relações com os modos literários de apresentação textual.

---

15. Em outro momento, o próprio Hayden White procurou deixar claro que não é sua intenção reduzir a História a mera narrativa (WHITE 1991, p. 21-48).

Hayden White: a História como gênero literário 7

Outra elaboração já clássica sobre as relações entre História e Literatura, particularmente no que se refere à constituição do discurso historiográfico, é o fascinante e controvertido ensaio de Hayden White sobre a *Meta-história*, texto escrito em 1973, e que parte da ideia de que uma obra historiográfica é fundamentalmente uma "estrutura verbal na forma de um discurso narrativo em prosa" (WHITE, 1992, p. 11)[16]. A História, segundo White, é uma modalidade de literatura, e o historiador um tipo de escritor que não deixa de enfrentar problemas similares aos de qualquer outro criador de textos literários, tais como as questões de estilo, a seleção de modalidades de intriga, a escolha (voluntária ou não) de um padrão de narratividade que dialoga com formas de expressão como o Romance, a Comédia, a Tragédia, a Sátira. A produção de Hayden White, e posteriormente de outros autores que passariam a investir radicalmente na ideia da discursividade da História (muitos dos quais iriam compor as fileiras do que se habituou chamar de historiografia pós-moderna), parte já de outro importante circuito de influências. Além do diálogo direto com Michel

---

16. Mais adiante, Hayden White elabora uma definição mais completa do trabalho historiográfico: "considerarei o labor historiográfico como o que ele manifestamente é, a saber: uma estrutura verbal na forma de um discurso narrativo em prosa que pretende ser um modelo, ou ícone, de estruturas e processos passados no interesse de explicar o que eram representando-os" (Op. cit., p. 18).

Foucault (que, aliás, também era uma das interlocuções de Michel de Certeau), as reflexões em torno da possibilidade de examinar a historiografia como uma estrutura verbal ou discursiva, antes e acima de qualquer outro aspecto, tornou-se possível no seio de um movimento maior que se deu na linguística e na filosofia, e que inclui o chamado "giro linguístico"[17]. A ideia matriz é a de que a mente não seria capaz de explorar o Real sem a Linguagem (admitindo-se a existência deste Real, que também pode ser o ponto a se discutir), e isto porque a linguagem não seria apenas um meio ou um lugar para a expressão dos pensamentos, tal como aparece em posições clássicas da filosofia da linguagem, mas sim a própria maquinaria ou estrutura do pensamento. Sem a linguagem, não teríamos acesso aos nossos pensamentos, ou ao pensamento de outros.

Quais são as consequências mais imediatas desta concepção para a História? Segundo esta perspectiva, a Linguagem não é utilizada pelo historiador para expressar as suas ideias sobre a História, ou para estruturar em forma verbal os resultados a que teria chegado através da pesquisa histórica realizada. Invertida a questão, a Linguagem – ou os modos como se utiliza desta linguagem e do seu repertório de recursos discursivos – constituiria essencialmente o próprio pensamento historiográfico do historiador. Expressar-se de outro modo seria desde já pensar de outro modo, e consequentemente produzir uma outra historiografia. No limite, não é a linguagem que é chamada a se adaptar a uma perspectiva historiográfica trazida pelo historiador, mas a perspectiva historiográfica já se

17. A expressão "virada linguística", ou "giro linguístico" ("*linguistic turn*"), consolidou-se em 1966 com a publicação, por Richard Rorty, de uma série de textos em torno da "filosofia linguística", já a apresentando de acordo com uma nova concepção que na Introdução desta série é delineada por Rorty como "uma visão de que os problemas filosóficos são problemas que poderiam ser resolvidos (ou dissolvidos) pela reforma da linguagem, ou por uma melhor compreensão da linguagem que usamos presentemente" (RORTY, 1992, p. 3).

produz na linguagem, nas estratégias discursivas encaminhadas, nos modos de articular o discurso e visar o destinatário. É desta posição epistemologicamente mais ampla que partiria Hayden White ao considerar que fundamentalmente a obra historiográfica é "estrutura verbal na forma de discurso narrativo em prosa". Com esta frase, não se tratava de enunciar uma evidência, mas de expressar uma precedência: a da Linguagem sobre o Pensamento. E, mais ainda, indicar que a historiografia produzida não é resultado primeiro de uma realidade externa, a ser atingida pelo historiador, mas de uma estruturação interna, da qual o próprio historiador não necessariamente se dá conta. Este ponto, naturalmente, irmana mais uma vez a História e a Literatura, ambas, e não apenas a segunda, são impulsionadas antes de tudo por um universo vocabular, semântico e expressivo que as torna possíveis.

Na verdade, Hayden White já vinha desde 1966 dedicando especial atenção para a questão da descontinuidade entre os acontecimentos do mundo exterior e a sua representação sob a forma narrativa, e suas reflexões naquela ocasião haviam tomado a forma de um artigo para a revista *History and Theory*, com o título "The Burden of History" (1966). Mas é com a *Meta-história – Um ensaio sobre a imaginação histórica no século XIX*, que ele chega ao seu resultado mais grandioso, embora em um primeiro momento a obra tenha passado despercebida, tal como nos conta Roger Chartier em seu ensaio "Figuras históricas e representações históricas" (2002, p. 101).

Em *Meta-história*, o historiador inglês procura identificar as figuras retóricas fundacionais dos quatro modos possíveis de narrativa que, para ele, limitam o campo de possibilidades autorais: a metáfora, a metonímia, a sinédoque e a ironia. O projeto de Hayden White é o de decifrar linguisticamente e discursivamente filósofos da história do porte de Hegel, Marx, Nietzsche e Croce, e seus correspondentes em nível de produção de um conhecimento historiográfico: Michelet, Ranke, Tocqueville, Burckhardt. O que os une? A Sinédoque, a Metonímia, a Metáfora, a Ironia, respectivamente. Rearrumados desta maneira, relativamente aos quatro tropos poéticos que de alguma maneira regeriam as possibilidades de consciência histórica, o fundador do Materialismo Histórico se aproxima do pai do historicismo alemão, Leopold Von Ranke, e Nietzsche se aproxima de Tocqueville! A análise, é preciso dizer, não é de fato tão simples assim. Para além disto, e entrecruzando com estas figuras de linguagem e estes historiadores/filósofos, White registra os quatro modos de elaboração de enredo possíveis: o Romance, a Comédia, a Tragédia, a Sátira. Por fim, os quatro modelos de argumentação formal: o formismo, o organicismo, o mecanicismo, o contextualismo.

Marx alternaria a sinédoque integradora de Hegel, e a metonímia redutora que o aproxima do historiador Ranke. Na argumentação formal, recorreria alternativamente ao Mecanicismo e ao Organicismo (neste último caso reaproximando-se novamente de Ranke). Na exposição, no tipo enredo que empresta à sua história, o fundador do Materialismo Histórico circularia entre o Trágico e o Cômico, uma vez que os ciclos trágicos que se dão na história da luta de classes terminariam por resultar, ao final da metanarrativa teleológica, em uma grande conciliação cômica que conduziria às sociedades sem classes (o final feliz da comédia, no qual tudo termina bem).

O intrincado esquema de Hayden White provocou polêmicas, sobretudo, pela sua proposta de praticamente reduzir a historiografia à sua dimensão estética, uma questão que ainda seria muito debatida e que, nas décadas seguintes, voltaria a animar aspirações de alguns setores do pós-modernismo historiográfico. Afirma White, em uma das sete conclusões de seu ensaio, que os melhores fundamentos para escolher uma perspectiva da história em lugar de outra são, em última análise, antes estéticos ou morais que epistemológicos, de modo que a exigência de cientificidade da história representa apenas a declaração de uma preferência por uma modalidade específica de conceitualização histórica, cujas bases efetivas são morais ou estéticas (WHITE, 1992, p. 14).

Alguns autores, mesmo aqueles preocupados com a forma historiográfica, criticaram severamente o que consideraram um "reducionismo estético" em Hayden White, como foi o caso do micro-historiador Carlo Ginzburg em trechos de dois ensaios inseridos na coletânea sobre *A micro-história*: e "Ekphrasis e citação" (1988). Mas por outro lado, a obra de Hayden White abriu caminhos para trabalhos similares nas décadas seguintes, e poderemos aqui mencionar o ensaio de Philippe Carrard, escrito em 1992, no qual ele procura rastrear uma *Poética da nova história* (1992), examinando autores como Fernando Braudel ou Roger Chartier. O próprio Hayden White avança posteriormente por novas análises, que no livro *Trópicos do discurso*, concluído em 1978, incluirão o historiador Edward Thompson, mas também pensadores de outros campos de conhecimento como Freud e Piaget (1994).

O reintensificado interesse do homem contemporâneo, e do historiador em particular, em compreender como funciona a Historiografia no nível discursivo – isto é, em entender como o discurso historiográfico produzido no tempo Presente ressignifica o Passado, e de que recursos literários lança mão para tal fim – trouxe uma nova recepção também a textos anteriores fora da especialização historiográfica. Os dois textos de Roland Barthes sobre a História – "O Discurso da História" e "O Efeito do Real" – escritos entre 1967 e 1968 e inseridos em *O rumor da língua* (1989), integram-se a esta rede de ensaios que ao lado de autores como Certeau, Hayden White, Ricoeur, Koselleck, e tantos outros, constituem a intertextualidade necessária para uma reflexão sobre a escritura da História, cada vez mais interessada pelo estudo de si mesmo. Consequentemente, amplia-se potencialmente a consciência histórica, que já desde o princípio do século XX vinha se tornando um dos principais traços do homem contemporâneo. Ao se conscientizar de seus limites, e ao explicitar cada vez mais esta mesma conscientização para todos os seus leitores e beneficiários, a Historiografia vê-se na entrada do novo milênio obrigada a tornar-se cada vez mais criativa, de modo a se legitimar simultaneamente para o grande público e para o público especializado.

Um dos problemas contemporâneos da historiografia que decorrem do retorno da narrativa, da aceitação da dimensão estética da historiografia, e do lugar central que o Discurso passou a ocupar na reflexão historiográfica - e já anteciparemos aqui um ponto que fará parte do conjunto de nossas conclusões - é o de que a formação do historiador profissional, para dar conta destas questões, precisaria ser cada vez mais complexa, mais interdisciplinar, mais cultivadora de talentos que antes não eram tão exigidos ao historiador em formação, como a velada imposição de que ele mesmo se torne um hábil literato, mas sem comprometer a sua capacidade de produzir um legítimo discurso construído à base de "enunciados verdadeiros" (no sentido proposto por Ginzburg em "Ekphrasis e citação", ensaio de 1989).

8 Resistências à redução da História ao discurso

O reconhecimento da importância do Discurso para a História-Efetiva e para a História-Conhecimento, contribuindo para a percepção da estruturação da primeira e para a estruturação da segunda, foi uma conquista das últimas décadas do século XX. Isto não deixou de produzir reações que viram exageros na nova tendência de aproximação entre História e Literatura: muitos criticaram menos ou mais intensamente as tentativas ou propostas de reduzir a História ao Discurso, ou ainda a dissolução da Historiografia na simples experiência estética. Roger Chartier, no seu ensaio sobre a "História: entre narrativa e conhecimento" (2002, p. 91), registra a tendência da maior parte dos historiadores a resistir a isto que, no limite, eliminaria a História como campo específico de produção de conhecimento e de uma prática singular, que tem normas e parâmetros próprios. Depois de comentar certas posições no grupo relacionado ao *Linguistic Tour*, que no limite prevê a dissolução do mundo real ao discurso, Chartier entretece os seguintes comentários, que são autoexplicativos:

> Reconhecer que a realidade passada não é acessível (na maioria das vezes) senão através de textos que pretendiam organizá-la, submetê-la ou representá-la não é postular, contudo, a identidade entre duas lógicas: de um lado, a lógica logocêntrica e hermenêutica que governa a produção dos discursos; de outro, a lógica prática que regula as condutas e as ações. Dessa irredutibilidade da experiência

> ao discurso toda história deve dar conta, precavendo-se de um uso descontrolado da categoria "texto", demasiadas vezes indevidamente aplicada a práticas (ordinárias ou ritualizadas), cujas práticas e procedimentos não são em nada semelhantes às estratégias discursivas (CHARTIER, 2002, p. 91).

É também nesta mesma direção que Pierre Vidal-Naquet, em um dos ensaios de *Assassinos da memória*, publicado em 1987, já deixava registrada a sua crítica às correntes historiográficas que trabalham com a redução do texto histórico ao Discurso, e que rejeitam a ligação de uma obra com um referente externo que deve ser considerado. Este segundo aspecto, aliás, permite entrever que a "consciência da narratividade", em seu aspecto negativo, abre dois caminhos para o descrédito da História como possibilidade de construir significativamente uma referência ao real vivido. De um lado, há os já examinados setores da discursividade historiográfica que reduzem a História Discurso, e que em vista disto acreditam ser prudente abandonar o investimento na possibilidade de que a História-Efetiva tenha alguma capacidade de apreender significativamente o vivido. Mas de outro lado, há também uma vertente que contribui da mesma maneira para a crise dos referentes. Acredita esta corrente que toda narrativa é automaticamente deformadora daquilo que pretende narrar. Investe-se, portanto, na ruptura e descontinuidade entre a narrativa histórica e a realidade histórica. Tal como observa adequadamente Ciro Flamarion Cardoso na obra *Um historiador fala de metodologia* (2005), acredita-se neste caso que "os fatos reais humanos não se agrupam como nas narrativas; qualquer texto narrativo que deles pretender dar conta os falseará necessariamente pela sua própria forma narrativa de ser". Conduz-se aqui ao "ceticismo epistemológico", mais uma vez denunciando-se efeitos negativos, sobre a História, oriundos da chamada "virada linguística" (CARDOSO, 2005, p. 64).

Entre os teóricos da descontinuidade narrativa em relação ao real estaria Hans Kellner, que registrou suas opiniões sobre a temática no livro *Language and historical representation*, publicado em 1989. Posição contrária, que não empresta descrédito à narrativa em sua função de relatar o vivido e que também é registrada por Ciro Flamarion Cardoso, é a de David Carr (1986, p. 15-27) em seu livro *Tempo, narrativa e história*, publicado em 1986, à época de maior intensidade dos debates em torno do Pós-Modernismo e também da recém-nascida "virada linguística".

A Crise dos Referentes está longe de se ver resolvida, e talvez uma contribuição importante da historiografia recente tenha sido trazer para plena consciência do historiador a dimensão narrativa, e mesmo estética, que integra todo texto e toda produção historiográfica. Todavia, longe de se deixar conduzir à inação e à dissolução de sua própria disciplina, a historiografia e a filosofia da história têm oferecido nos tempos recentes – e a já discutida obra de Paul Ricoeur é apenas um dos vários exemplos – contribuições para assimilar esta "consciência da narratividade" sem sacrificar os patamares que permitem relacionar a História não meramente a uma ficção, mas a materiais historicamente circunstanciados e que fornecem efetivamente uma base ao historiador e ao leitor de história que podem trazer ao texto historiográfico a legitimidade, se não de uma ciência (o que não está descartado), ao menos de uma prática "cientificamente conduzida". A História, enfim, estaria apta a seguir estabelecendo suas relações com a Literatura sem sacrificar as suas próprias especificidades. Uma das mais importantes contribuições para a percepção da possibilidade de conciliar esta relação com as exigências da historiografia profissional, conforme veremos a seguir, é apresentada pelo filósofo France Paul Ricoeur.

9 Paul Ricoeur: tempo e narrativa

Além das discussões surgidas no próprio seio da historiografia profissional acerca da necessidade de equilibrar a consciência estética da "narratividade histórica" e a instância de cientificidade que integra a produção do conhecimento histórico, também a Filosofia trouxe contribuições importantes para a discussão das relações entre história e narrativa. A riqueza da obra de Paul Ricoeur – um filósofo que teve entre seus principais interesses de estudo a escrita da história – está precisamente nas novas alternativas que ele oferece em relação à necessidade de enfrentar os desafios de encontrar um novo lugar para a narrativa historiográfica, sem para isto recair na solução de dissolver a historiografia na ficção ou na pura e simples dimensão estética do discurso histórico, tal como aparece frequentemente proposto por setores mais radicais da desconstrução pós-modernista. Ricoeur define como objetivo da História uma meditação sobre o viver humano no tempo, e aprofunda uma discussão que já vinha sendo encaminhada desde fins do século XIX pelos setores relativistas do Historicismo: a de que, ao lado da distinção entre Ciências Naturais e Ciências Humanas, existem posturas metodológicas próprias a cada um destes campos, correspondendo às ciências humanas a possibilidade de atingir a Verdade através da "compreensão". De igual maneira, o Sujeito produtor de conhecimento, como ocorre de modo geral com os autores historicistas, está sempre inscrito em uma subjetividade que o transcende através de seu pertencimento a outras instâncias. Em Ricoeur, porém, há ainda uma originalidade, além do sujeito que produz o conhecimento através da escrita da história, os sujeitos do passado, trazidos à vida através das fontes, também fazem parte do polo "Sujeito", não se constituindo em objetos passivos que são analisados pelo historiador.

Deste modo, Paul Ricoeur reconstrói de uma nova maneira tradicional relação entre sujeito e objeto na História, e redefine também o que é o objeto da História. De acordo com sua proposta, os homens do passado – examinados pelo historiador – constituem uma parte tão significativa do polo "sujeito" quanto o próprio historiador. O objeto de estudo, uma época ou um processo, abre-se a uma análise na qual tomam parte ativa o historiador e os próprios sujeitos e vozes que chegam do passado através das fontes, uma vez que estas retroagem também sobre o historiador, que não trabalha com a sua documentação em uma via de mão única, analisando-a distanciadamente. No processo de produção do conhecimento, as fontes, materiais e vestígios também vão imprimindo as suas direções aos caminhos a serem percorridos, obviamente que em interação com o próprio trabalho do historiador. Este, ao final do processo de produção do conhecimento historiográfico, também se vê transformado. Mas há mais. Para além do "sujeito-objeto" que é constituído pelos sujeitos do passado, também o leitor, o receptor do conhecimento histórico a ser produzido, é ele mesmo sujeito de produção do conhecimento.

Incorporando esta perspectiva complexa em torno do Sujeito que produz a História-Conhecimento – um sujeito plural, que inclui o historiador, as vozes do passado e o leitor – a principal função da História passa a ser a de oferecer um caminho para que os homens tomem consciência de sua presença no tempo, e se estabelece assim um diálogo entre o Passado e o Presente que tem por objeto o vivido (do passado e do presente) e por resultado mais importante a troca de experiência entre estas instâncias. Talvez mais do que em qualquer outra concepção historicista que trouxe a *Compreensão* para o centro do processo de elaboração do conhecimento histórico, o "compreender" torna-se aqui mais complexo, levando a um processo que inclui a "compreensão do outro" e a "autorreflexão sobre si mesmo" em um movimento circular que pode se estender indefinidamente entre as mediações do historiador, do leitor, e dos homens que fazem parte do passado vivido e que retornam através das fontes.

Vejamos, mais especificamente, como se dá este projeto no que se refere à adequação entre *Tempo e Narrativa*, obra que traz precisamente como objeto de estudo a relação entre "tempo vivido" e "narração" – ou, dito de outra maneira, entre "experiência" e "consciência". Em Ricoeur, a Ciência Histórica é simultaneamente lógica e temporal, de modo que surge com ele a possibilidade de integrar dialeticamente dois aspectos que antes teriam parecido inconciliáveis: o tempo estrutural dos *Annales* e o tempo vivido dos setores historicistas plenamente apoiados na narrativa. A inteligibilidade histórica, certamente necessária tal como haviam proposto os analistas, não poderia, destarte, excluir o vivido. O conhecimento histórico teria um caráter lógico e estético, mas, ao mesmo tempo, na interação dialética entre o vivido e o lógico estaria o fundamento de uma História satisfatória e útil à vida. Privilegiar o Vivido contra o Lógico, ou vice-versa, conduziria a uma história insatisfatória. Devolvida à própria Vida, de onde saíra, a História não poderia se afirmar como atividade puramente intelectual (como propunha Paul Veyne) e deveria buscar "ensinar a viver".

Esta integração entre a experiência sublunar – o "vivido" – e a Lógica, expressa através da construção da intriga, deveria constituir a base essencial do trabalho do historiador. O monumental esforço de produzir uma dialética entre o vivido e a lógica é conseguido por Paul Ricoeur através de uma extraordinária erudição e capacidade de reflexão filosófica, sendo que ele praticamente retoma a história da filosofia para lograr êxito nesta empresa. Entre posicionamentos diversos, como o "tempo lógico" de Aristóteles e o "tempo da alma" de Santo Agostinho, ele constrói a sua proposta de uma interação de perspectivas para a narrativa histórica. Estes dois modelos de tempo, o tempo exterior da intriga e o tempo interior da alma, são os dois polos a serem colocados em interação pela narrativa histórica proposta por Paul Ricoeur, que busca acomodar o tempo interno agostiniano à intriga Aristotélica. Vejamos mais de perto este singular ajuste.

O Tempo Interior de Santo Agostinho – que já havia sido abordado por Heidegger em uma conferência de 1930 – é um dos dois pontos de partida, se assim se pode dizer, da reflexão de Paul Ricoeur sobre a relação entre *Tempo e Narrativa*. Santo Agostinho havia rejeitado a antiga tese grega (re-encaminhada por Aristóteles) de que o tempo correspondia a um movimento dos astros, e introduz a noção de que "o tempo é interior, passando-se na alma", impactando esta alma humana com uma tripla presença: do Passado, através da Memória; do Presente, através da Visão; e do Futuro, através da Espera. Esta experiência do tempo é profunda vivência humana, mas ao mesmo tempo não comunicável, porque impregnada de subjetividade.

Já com a Poética de Aristóteles, ao contrário, considera-se o modelo de tempo no qual as ligações internas da Intriga dão-se mais de forma lógica que cronológica (no caso, uma lógica do "fazer poético"). O impasse entre o vivido e o lógico, entre Tempo e Narrativa, pode ser exemplificado, desta maneira, pela oposição entre Agostinho e Aristóteles, e é a partir daí que Ricoeur vai desenvolvendo a sua importante reflexão sobre a narrativa histórica.

A concepção psicológica do tempo de Santo Agostinho oculta o tempo do mundo, e a concepção cosmológica do tempo de Aristóteles – considerado como movimento dos corpos – oculta o tempo da alma. O tempo da alma, e o tempo da natureza, por assim dizer, contratam-se a partir destes dois ícones filosóficos. Para Ricoeur, tanto a narrativa histórica como a narrativa ficcional buscam trabalhar com um terceiro tempo, que busca a mediação entre o tempo vivido e o tempo cósmico. O tempo vivido deve encontrar o seu reconhecimento na intriga logicamente construída, isto é, no âmbito do tempo construído pela lógica narrativa do historiador. O Tempo torna-se tempo humano, de acordo com as proposições de Ricoeur, precisamente quando é articulado de maneira narrativa. Temporalidade e Narratividade reforçam-se reciprocamente. A intriga se apresenta como mimese, uma imitação criadora da experiência temporal que faz concordar os diversos tempos da experiência vivida. Deste modo, a Intriga agencia os fatos dispersos da experiência em um sistema.

A Poética – arte de compor intrigas que faz "reconhecer o viver" – é apresentada aqui como um modelo a ser considerado pela História. Com relação à notória querela entre Compreensão e Explicação, Paul Ricoeur sustenta para a História o primado da compreensão narrativa sobre o explicativo. "Compreender na narrativa": é esta a fórmula que se entrevê a partir das considerações de Paul Ricoeur. O historiador, através da intriga que constituirá a base de seu trabalho, tem diante de si a possibilidade de estabelecer uma Concordância a partir das Discordâncias da experiência vivida, ao agenciá-las criativamente em uma totalidade de sentido. O papel do historiador seria precisamente o de tornar necessários e verossimilhantes, através da Intriga histórica, os eventos discordantes, as súbitas inversões de expectativas, as reviravoltas factuais, as mudanças de rumo, a reordenação de alianças e rivalidades. Assim como o poeta que constrói a sua intriga, o papel do historiador é também o de incluir o discordante no concordante. Neste particular, a Tragédia apresenta-se como o modelo máximo de eficácia para a narrativa, uma vez que ao mais alto grau a tensão entre a surpresa e a necessidade – esta última fundamental para superar o meramente episódico.

De igual maneira, e acompanhando este mesmo movimento, é preciso destacar que, para Ricoeur, a narrativa não coincide ingenuamente com o real – tal como propunham os primeiros historicistas realistas, os historiadores positivistas ou os metódicos; ela (narrativa) é claramente assumida como uma construção do historiador. A Intriga não é mera imitação do real, mas imitação criadora; representação construída pelo sujeito. Com a narrativa histórica proposta por Ricoeur, o que se busca não é mostrar o que se passou, mas sim estabelecer uma referência a este vivido e retornar a ele. Emergindo do vivido, a narrativa a ele retorna, transformando-o e transformando-se em um único movimento, de tal maneira que se pode dizer que a narrativa histórica é uma reflexão do Vivido sobre si mesmo, através das importantes mediações do historiador que constrói o texto e do leitor que recebe e ressignifica a obra historiográfica, compreendendo, através dela, a si mesmo e ao mundo.

Na operação historiográfica, esta interação entre vivência e reconhecimento estabelece-se em três momentos, que Ricoeur denomina mimeses 1, 2 e 3: (1) a *prefiguração* do campo prático; (2) a *configuração* textual deste campo (que coincide com o texto construído como Intriga pelo historiador); e, por fim, (3) a *refiguração* pela recepção da obra (a este último aspecto, que envolve a papel recriador do leitor que apreende a narrativa historiográfica, voltaremos oportunamente). Quanto à "mimese 1", a "prefiguração do campo prático" – universo vivido no qual se agitam as ações e sentimentos humanos – ela contém já uma pré-narrativa, ou pré-narrativas possíveis que podem e precisam ser apreendidas pelo historiador-autor, e ao mesmo tempo já contém em si mesma elementos que permitirão ao leitor, na experiência recriadora da "mimese 3", compreender e identificar-se com o vivido prefigurado. Desta maneira, o vivido, no seu estado prefigurado, autonarra-se de alguma maneira, pois contém possibilidades e virtualidades narrativas dentro de si.

Com relação à configuração textual – ou à Intriga construída pelo historiador (mimese 2) – alguns aspectos se depreendem. Uma primeira função da mimese 2 (i. é, do texto do historiador) é ligar eventos separados em um todo compreensível. Para tal, a Intriga irá estabelecer uma configuração lógica, e não uma sucessão cronológica (o que, desde já, opõe a narrativa historiográfica proposta por Ricoeur à narrativa historizante dos historiadores factuais que haviam sido criticados pelos *Annales* na década de 1930). Para além disto, o tempo constituído pela Intriga não prescinde de realizar uma síntese, um acordo ou uma reconfiguração que abarca o tempo cronológico da sucessão episódica e o submete à ordenação lógica, o tempo narrativo propriamente dito, que deverá se organizar em um determinado padrão narrativo a ser reconhecido pela comunidade de autores e leitores. Uma vez que a "mimese 2" clama pela reapropriação do leitor (que se dará na mimese 3), o historiador-autor deverá assegurar a inteligibilidade e receptividade do seu texto valendo-se de formas narrativas consagradas pela sua tradição cultural.

Vale ainda lembrar, a respeito da questão dos objetivos da prática historiográfica, que a narrativa histórica, consubstanciada em Intriga, não pretende em Ricoeur apreender o universal lógico dos filósofos, mas sim o particular possível e verossímil. Tal como já postulava Aristóteles, tratamos aqui do universal possível da Poesia. Outro dado fundamental emerge daqui, permitindo contrastar as proposições de Ricoeur com a história historizante, tal como era denominada pelos annalistas. A História, como já se deu a perceber, não pode conduzir a uma narrativa episódica, desconectada, gratuita (ou factual, como diriam os historiadores dos *Annales*). Ao contrário, o conhecimento histórico deve constituir uma Intriga no sentido aristotélico, aproximando-se da perspectiva poética. Trata-se de "fazer surgir o inteligível do vivido acidental; o universal do fato particular; o necessário ou verossímil do evento episódico" (REIS, 2006). Ao mesmo tempo em que se afasta da tradicional narrativa da história historizante, Ricoeur também se distancia da atemporalidade estrutural e lógica - do tempo imóvel proposto pelos *Annales* através do enquadramento da longa duração e da formulação de uma história-problema predominantemente analítica, avessa à narrativa.

Aspecto igualmente importante nas proposições de Ricoeur é o papel do Receptor - o leitor da intriga historiográfica -, o que o aproxima em alguma medida das teorias de recepção e outras correntes da análise comunicacional que recolocam o leitor de um texto em um lugar recriador. O momento em que se dá esta convocação do leitor, na tríade ricoeuriana, é a "mimese 3". Um papel importante para o leitor afirma-se aqui. A narrativa histórica apresenta um elemento de controle do seu potencial ficcional não apenas através da documentação que serve de base ao trabalho do historiador, mas também através do leitor que permite que a História retorne ao vivido - aspecto fundamental nas proposições ricoeurianas. A refiguração - reinvenção da Intriga - é assim produzida pelo receptor da obra historiográfica, que se vê elevado a uma posição de coautor. Através da apropriação da Intriga, o leitor constrói a sua identidade por contraste com a identidade de outros, estabelece reconhecimentos, compara situações com a sua própria experiência vivida, elabora uma "visão" de si mesmo, do mundo e do outro, de suas relações recíprocas. Desta maneira, acrescenta algo de si aos sentidos propostos pela Intriga. A Narrativa adquire precisamente o seu sentido pleno na intersecção entre o "Mundo do Texto" e o "Mundo do Leitor". O Mundo Lógico do Texto, ofertado pela mimese 2, e o Mundo Vivido da mimese 1 (na verdade um vivido que já podia ser pré-compreendido pelo Leitor em sua própria vivência), produzem esse espaço de intersecção que se oferece à recriação leitora na "mimese 3". É desta maneira que se pode dizer que a narrativa histórica parte do vivido e retorna a este mesmo vivido.

A obra de Paul Ricoeur, enfim, surgida nesta mesma década de 1980 em que diversos historiadores já haviam começado a experimentar novos padrões criativos para a narrativa, surge assim como um verdadeiro apoio filosófico para os novos tempos historiográficos. Esta obra, de fato, aprofunda ainda mais a "consciência da narratividade histórica". A História, qualquer que ela seja, irmana-se à Literatura pelo viés da narratividade. Mais ainda, Ricoeur chama atenção para o fato de que uma das principais funções da narrativa histórica seria a mesma que vemos configurar a própria razão de ser da Literatura. O mundo precisa de narrativas - sejam estas as narrativas históricas, baseadas ou inspiradas em um vivido que deixou suas marcas através das fontes históricas, sejam as narrativas literárias, a princípio geradas pela criatividade livre de um autor, mas na verdade oriundas de relações que se dão na própria vida e através das próprias estruturas básicas do viver, portanto através da própria história. Este elo entre História e Literatura através da narrativa veio a constituir uma das grandes contribuições de Paul Ricoeur, autor de uma obra que foi reconhecida pelos seus méritos de chamar atenção para uma relação incontornável entre Literatura e História, mas sem eliminar as singularidades da última.

A Pós-Modernidade e os novos modos de escrita historiográfica

10

As polêmicas sobre a relação entre História e Narrativa não se esgota no reconhecimento da narratividade historiográfica. Pode-se perguntar também que tipos de narrativas podem ser explorados pelo historiador, para além dos padrões de narratividade que já foram percorridos pela historiografia dos dois últimos séculos, e pela instância de criatividade estética que pode ser incorporada pelo historiador ao propor novos modos e estratégias narrativas. Buscaremos trazer neste capítulo alguns exemplos de narrativa historiográfica que expressam criativamente novos modos de exposição do texto, de modo a mostrar também este outro lado da questão.

Magnus Enzenberger (n. 1929) pode exemplificar bem o modelo mais positivo do livre-pensador inserido em uma pós-modernidade que assiste à possibilidade de rompimento entre as fronteiras dos tradicionais gêneros literários e ensaísticos. Tendo se notabilizado por importantes ensaios de análise política, mas apresentando uma invejável polivalência que lhe tem permitido explorar uma multiplicidade criadora que vai do romance e do teatro à poesia, Enzenberger adentra a experiência pós-moderna da narrativa historiográfica mais livre com um significativo livro intitulado *O curto verão da anarquia* (1972), que toma como fio condutor a história de vida de Buenaventura Durruti, anarquista espanhol que viveu o período revolucionário da Guerra Civil Espanhola (1936-1939).

A História, de acordo com a concepção de Enzenberger, é por ele entendida como um "romance coletivo", e por isso ele buscará uma forma literária inteiramente inovadora que incluirá como materiais centrais os depoimentos resgatados através da História Oral, mas também utilizando a documentação escrita de época de tal maneira disposta que, em contraposição recíproca e liberada em diversos momentos da interferência da análise do historiador, também logra contribuir para trazer à tona a pluralidade de vozes que irá compor a visão coletiva.

A escolha da narrativa se aproxima em alguns momentos do romance, mas também incorpora o inovador processo de "colagem" de documentos e depoimentos que vão formando sentido através da sua sucessão, e permitindo emergir da "memória coletiva" a figura do ator histórico examinado. Além disso, o autor incorpora a poesia em suas próprias interferências, e investe por vezes no humor.

Esta complexa inovação formal e metodológica não seria gratuita, mas decorrente da própria percepção de seu objeto de estudo. Assim, para Enzenberger, a vida do anarquista Buenaventura Durruti seria "tão aventurosa que ninguém ousaria escrever sua biografia, com receio que fosse confundida com ficção". Deste modo, ele apresenta a sua justificativa, ou, melhor dizendo, a sua motivação, para dar à sua obra a forma de um romance histórico. Um romance histórico através do qual ele busca orquestrar as múltiplas vozes capazes de narrar, de maneira mais rica, a história vivida:

> Desconhecidos e anônimos são os que falam aqui: um discurso coletivo. No entanto, o conjunto dessas expressões anônimas, contraditórias, unifica-se

e ganha nova qualidade: faz nascer a história (ENZENBERGER, 1987, p. 15).

Nem todos, certamente, teriam os politalentos necessários para escrever uma obra como esta, que consegue explorar de maneira satisfatória o atravessar de fronteiras interdisciplinares e também realizar algo que não deixa de lembrar o "pastiche" evocado por Jameson de maneira particularmente interessante. Os anos de 1980 também trazem algumas ousadias criadoras relacionadas a novas formas de tratar o tempo. Aqui, alguns historiadores foram pioneiros na incorporação de técnicas narrativas introduzidas pela literatura e pelo cinema moderno, e ousaram retomar a narrativa historiográfica, mas sem deixar de assegurar a libertação em relação a uma determinada imagem de tempo mais linear ou mais fatalmente progressiva na apresentação de suas histórias (ou seja, na elaboração final dos seus textos).

Uma tentativa, citada por Peter Burke em artigo que examina precisamente os novos modelos de elaboração de narrativas (BURKE, 1992, p. 327-348), é a de Norman Davies em *Heart of Europe*. Nesta obra, o autor focaliza uma História da Polônia encadeada da frente para trás em capítulos que começam no período posterior à Segunda Guerra Mundial e recuam até chegar ao período situado entre 1795 e 1918 (DAVIES, 1984). Trata-se, enfim, não apenas de uma história investigada às avessas, como também de uma história representada às avessas. Outras tentativas são recolhidas por Burke neste excelente apanhado de novas experiências de elaborar uma narrativa ou descrição historiográfica. As experiências vão desde as histórias que se movimentam para frente e para trás e que oscilam entre o tempo público e o tempo privado[18], até as experiências

18. Exemplos podem ser encontrados nas obras sobre a China de Jonathan Spence (*Emperor of China*, 1974; *The Death of Woman Wang*, 1978; *The Gate of Heavenly Peace*, 1982; e *The Memory of Palace of Matteo Ricci*, 1985).

de captação do fluxo mental dos agentes históricos ou da expressão de uma "multivocalidade" que estabelece um diálogo entre os vários pontos de vista[19], sejam os oriundos dos vários agentes históricos, dos vários grupos sociais, ou mesmo de culturas distintas[20].

Todas estas experiências narrativas pressupõem formas criativas de visualizar o tempo, ancoradas em percepções várias como as de que o tempo psicológico difere do tempo cronológico convencional, de que o tempo é uma experiência subjetiva (que varia de agente a agente), de que o tempo do próprio narrador externo diferencia-se dos tempos implícitos nos conteúdos narrativos[21], e de que mesmo o aspecto progressivo do tempo é apenas uma imagem a que estamos acorrentados enquanto passageiros da concretude cotidiana, mas que pode ser rompida pelo historiador no ato de construção e representação de suas histórias.

---

19. Como exemplo desse tipo de experiência, Peter Burke cita a obra de Richard Price, que discutiremos mais adiante, na qual o autor constrói um estudo do Suriname setecentista a partir de quatro vozes que são simbolizadas por quatro padrões tipográficos (PRICE, R. *Alabi's World*. Baltimore, 1990. Apud BURKE. Op. cit., p. 337).

20. Referência para o estudo do encontro de culturas, abordado no sentido de conceder uma exposição de dois ou mais pontos de vista culturais, é Marshall Sahlins, que estudou as sociedades do Havaí e das Ilhas Fuji (SAHLINS, 1981).

21. Hayden White chama atenção para a questão da descontinuidade entre os acontecimentos do mundo exterior e a sua representação sob a forma narrativa em "The Burden of History" (1966).

Traços do Pós-Modernismo: alguma síntese

11

Como resultado da crise de referencialidade e representatividade da História - que já discutimos no item anterior sobre a consciência da "narratividade histórica" e sobre a estetização da História - surge um primeiro traço, multipartido, que pode ser agregado às características gerais que permitiriam falar em um pós-modernismo histórico. Para esta perspectiva, a História seria essencialmente construção e representação, com pouca ou nenhuma ligação em relação a uma realidade externa, ou, ao menos, com uma relação a esta referencialidade externa que precisa ser intensamente problematizada. Daí surgem posições diversas, que vão desde o reconhecimento na historiografia deste radical caráter de construção, mas sem inviabilizar o projeto histórico, até posições que resultam em ceticismo historiográfico ou na alternativa de dissolver a História em ficção. Há também posturas diversificadas: entre os que relacionam esta construção historiográfica aos sistemas de poderes, práticas disciplinares e outras forças em ação, há os que escolhem por tematizar a decifração destes poderes, a sua desconstrução, a sua análise criteriosa de modo a verificar como o Poder imiscui-se no Discurso. Mas há também os que, ao reconhecerem o jogo de poderes que inviabilizaria falar em uma História, mas sim em histórias, comprazem-se com a proposta de que sejam escritas histórias para grupos específicos, para determinados destinatários. A História (ou as histórias) torna-se aqui profundamente subjetivada no que se refere a suas destinações. E, mais ainda, ao escrever uma história dirigida para um público específico, o historiador pode pensar isto socialmente - direcionando-a a grupos que cultivem identidades específicas, como a negritude, o feminismo, o ecologismo, o movimento *gay*, as identidades religiosas - ou simplesmente pensar a destinação do seu trabalho em termos de públicos consumidores, pois o mercado editorial contemporâneo até mesmo o estimula a isto. Keith Jenkins se refere a este fenômeno em seu livro *Repensando a História*, publicado em 1991:

> Hoje, mais do que nunca, há pessoas querendo coisas. No rastro destes centros ausentes e metanarrativas ruídas, encontramos por toda a parte em nossas sociedades democráticas/consumistas uma massa de gêneros ("histórias com *griffe*"). Para usar e abusar a gosto (JENKINS, 2001, p. 101).

Diante da multiplicidade que se abre com a complacência do pós-modernismo editorial, mas também de um quadro de indefinições no qual os vários atores envolvidos costumam não se definir para evitar a chamada "rotulagem" - esta que para o pensamento pós-modernista é habitualmente vista com desconfiança por ser um recurso algo racionalista - é por vezes bastante difícil localizar univocamente os atores que funcionam como sujeitos na produção do conhecimento pós-moderno. Classificar ou livrar a um autor da qualificação de Pós-Moderno, assumir ou não uma identidade intelectual no âmbito do Pós-Modernismo, restringir ou ampliar a extensão do campo de influências que incide sobre a pós-modernidade - estamos aqui em um campo de operações razoavelmente delicado e complexo, que muitos transformam em território de disputas. Apenas para trazer um exemplo da Filosofia, poderíamos discutir o caso de Michel Foucault, um autor que é ele mesmo avesso a classificações, mas que muitos chegam a situar no circuito pós-moderno, tal como faz Alex Callinicos no capítulo 3 de seu livro *Contra o Pós-Modernismo*, publicado em 1989. Também há uma complexidade a mais, que é o fato de que autores como Foucault, e antes dele Nietzsche e Heidegger, sejam constantemente reivindicados como influência ou mesmo como precursores por grupos com os quais não tiveram ligação. Em Foucault, um filósofo que, no seu próprio dizer, estava frequentemente se reinventando, há dificuldades ainda maiores quando se procura relacionar esta ou aquela posição do filósofo francês a proposições pós-modernistas.

No campo da historiografia, poucos assumem explicitamente o rótulo de historiador pós-modernista. É mais comum, ao historiador simpático aos traços gerais do pós-modernismo histórico, falar na "história pós-moderna" como uma tendência de concepção historiográfica de nossa época que pretensamente já dominaria o quadro geral ou tenderia a se expandir. Por outro lado, também não é incomum que historiadores situados em posições radicalmente refratárias a certas inovações historiográficas (pós-modernas ou não) utilizem esta designação de forma depreciativa para alvejar o que consideram o campo adversário. Não que estejam sendo insinceros ao utilizarem a designação de "pós-modernismo" contra esta ou aquela corrente, pois geralmente buscam fundamentar a sua classificação em argumentação coerente, mas a questão é que por vezes cria-se uma falsa dicotomia paradigmática ("nós" contra os "pós-modernos") como se no campo da historiografia atual só existissem dois grandes paradigmas. Enxergar o mundo historiográfico sob a partição entre dois grandes paradigmas parece ser a proposta de Ciro Flamarion Cardoso, no prefácio para o livro *Domínios da História* e também em outros textos, como "Epistemologia Pós-Moderna e conhecimento: visão de um historiador" (2005). Ali vemos se delinear de um lado um "paradigma iluminista" – que incluiria os materialistas históricos, as duas primeiras gerações dos *Annales*, e diversas outras correntes integradas a uma vasta tradição que se apoia nas ideias de cientificidade da História e no racionalismo; de outro, haveria um "paradigma pós-moderno", que incluiria não apenas os historiadores que se declaram pós-modernos, mas também certos setores da Micro-história, Foucault e os foucaultianos, e toda a *Nouvelle histoire*. Em certa passagem do artigo "Epistemologia Pós-Moderna", podemos ler as seguintes palavras:

> Cabe-nos tratar das bases epistemológicas em que repousa a concepção Pós-Moderna da História, também conhecida como *Nova História* [grifo nosso], embora não no sentido em que esta última expressão se aplicava, por exemplo – bem mais legitimamente, aliás –, aos *Annales* nas décadas que vão de Marc Bloch e Lucien Febvre a Fernando Braudel (CARDOSO, 2005, p. 85).

É difícil fazer com que se recubram, um ao outro, Pós-Modernismo e *Nouvelle Histoire* (terceira geração dos *Annales* em diante). Em primeiro lugar, há muitas correntes em jogo que aqui não se ajustariam nem ao rótulo de "pós-moderno" nem à categorização como "Nova História". Em segundo lugar há muitos historiadores que se associam ao Pós-Modernismo, explícita ou implicitamente, mas que nada têm a ver com a Nova História francesa, seja por filiação, seja por influência. Por fim, o próprio campo da *Nouvelle Histoire* nos oferece uma variedade relevante de práticas e posicionamentos, de modo que a Nova História não poderia ser convocada em bloco para o lado do paradigma pós-moderno. Por fim, os posicionamentos encaminhados pela

Revista dos Annales, que é o veículo de comunicação por excelência da *Nouvelle Histoire*, não legitimam os padrões pós-modernos como aqueles que a historiografia deveria seguir. Quando há confluências entre as maneiras de pensar a História de um historiador da Nova História e um pós-modernista, que geralmente nunca é uma confluência em todos os aspectos, isto é uma posição que se coloca no nível individual deste ou daquele historiador. Não há um posicionamento de grupo da *Nouvelle Histoire* com relação a parâmetros que podem ser associados ao pós-modernismo. Por fim, seria preciso dizer que, mesmo que fosse possível dicotomizar o atual presente historiográfico em um Paradigma Iluminista e um Paradigma Pós-Moderno, o paradigma pós-moderno não é necessariamente o paradigma ruim. Há historiadores que trabalham com a perspectiva racionalista nas várias correntes imagináveis que fazem excelentes trabalhos, e também trabalhos nem sempre tão bons, e há pós-modernistas que escreveram obras-primas, e outros que produzem obras não tão boas. Mesmo que fosse possível a dicotomia, que em nossa opinião não é possível, não há uma "boa e correta história" do lado iluminista e uma "história ruim e desprezível" do lado pós-moderno.

Posto isto, é bastante adequada a síntese de Ciro Flamarion Cardoso com relação à configuração de aspectos que constituiriam esse modo pós-modernista de fazer a História, ou o que ele chama de "paradigma pós-moderno". Segundo sua análise, o Pós-Moderno reuniria, embora com variações possíveis e eventuais não adesões a um ou outro aspecto, cinco principais características: (1) a desvalorização da Presença em favor da Representação; (2) a crítica da origem; (3) a rejeição da unidade em favor da pluralidade; (4) crítica da transcendência das normas, em favor da sua imanência; (5) uma análise centrada na "alteridade constitutiva". Nos próprios termos que poderiam representar a concepção dos pós-modernos, cada um destes traços corresponde a um pilar racionalista ou modernista contra o qual os pós-modernos se defrontam; respectivamente: a "Crença no Referente Externo"; o "Mito das Origens"; a "Ilusão da Unidade"; o "Autoritarismo Normativo"; "O Texto Oni-Coerente".

Estes traços gerais nos parecem perfeitamente válidos para um esforço de visualizar uma primeira configuração de aspectos que constituiriam o padrão do "fazer historiográfico pós-moderno". Está claro que não significa que estar identificado com um ou dois dos aspectos mencionados situará um historiador no campo da pós-modernidade. A crítica da unidade em favor da pluralidade aparece em diversas outras configurações de pensamento, que não apenas a do pós-modernismo historiográfico, como é o caso do "paradigma da complexidade", ao estilo de Edgar Morin. Ciro Cardoso cita inclusive Michel Foucault, para quem não seria aplicável a ideia de que a realidade não existe, ou de que "nada existe fora do texto", já que o filósofo francês admite a existência extratextual de "práticas" ou "dispositivos" (CARDOSO, 2005, p. 85).

Para além dos traços apontados, são de igual maneira importantes como delineadores do Pós-Moderno as dimensões mais gerais que já haviam sido apontadas por Fredric Jameson, e que não se referem apenas à historiografia como prática específica (e sim ao todo), mas que certamente a afetam. "Uma nova falta de profundidade" e "um novo tipo de matiz emocional básico", caracterizado pela perda do afeto e da emoção em favor daquilo a que Jameson denomina "intensidades", são algumas destas características apontadas por Fredric Jameson para os novos tempos do Capitalismo Tardio, mas também é particularmente notável a "perda da historicidade" com a consequente desintegração do "sentido de tempo"

(JAMESON, 2006, p. 14)[22], e aqui caímos em um curioso paradoxo: Como fazer historiografia em um caldo cultural geral no qual se perdeu a "historicidade"? O historiador pós-moderno enfrenta heroicamente, por que não dizer, o desafio de sobreviver nesse horizonte cultural sem passado nem futuro, e luta com extrema criatividade para não se tornar contraditório sob este permanente risco de lhe ser negado precisamente aquilo que deveria definir a sua natureza mais íntima: a historicidade[23]. Mas, por outro lado, nesta mesma época em que a "cultura tornou-se ela mesma um produto", há muito espaço nas prateleiras para esse atraente produto cultural que é o livro de história, e aqui vemos como as contradições se entrelaçam inesperadamente na pós-modernidade. Mas voltemos aos cinco primeiros traços atrás apontados.

Para entender o primeiro traço – que em termos pós-modernistas poderia ser chamado de crítica à "Crença no Referente Externo"[24], ou então de crítica à "eficácia representacional" – e apoian-

---

22. Eis uma passagem de *A lógica cultural do Capitalismo Tardio*, na qual Jameson sintetiza alguns aspectos do Pós-Modernismo: "uma nova falta de profundidade, que se vê prolongada tanto na 'teoria' contemporânea quanto em toda essa cultura da imagem e do simulacro; um consequente enfraquecimento da historicidade, tanto em nossas relações com a história pública quanto em nossas novas formas de temporalidade privada, cuja estrutura 'esquizofrênica' (seguindo Lacan) vai determinar novos tipos de sintaxe e de relação sintagmática nas formas mais temporais da arte; um novo tipo de Mariz emocional básico – a que denominarei de 'intensidades' –, que pode ser bem mais estendido se nos voltarmos para as teorias mais antigas do sublime; a profunda relação constitutiva disto tudo com a tecnologia, que é uma das figuras de um novo sistema econômico mundial..." (JAMESON, 2006, p. 32).

23. "[...] é difícil discutir a 'teoria do pós-modernismo' de modo geral sem recorrer à questão da surdez histórica, uma condição exasperante (desde que se tenha consciência dela), que determina uma série intermitente de tentativas espasmódicas, ainda que desesperadas, de recuperação. A teoria do pós-modernismo é uma destas tentativas: o esforço de medir a temperatura de uma época sem os instrumentos e em uma situação em que nem mesmo estamos certos de que ainda exista algo com a coerência de uma 'época', ou *Zetgeist*, ou 'sistema', ou 'situação corrente'" (JAMESON, 2006, p. 13-14).

24. "Referente" → o que um signo representa; aquilo para o qual um enunciado remete. Existiriam fundamentalmente duas modalidades de referentes de um enunciado: de um lado as instâncias da enunciação; de outro lado as coisas, fatos, pessoas, estados das coisas, dos fatos e das pessoas (tanto reais como imaginários) a que o enunciado se refere.

do-nos na própria análise de Ciro Flamarion Cardoso (CARDOSO, 2005, p. 86), a "Presença" corresponderia aos objetos e aspectos que se apresentam imediatamente dados na experiência; devendo ser contrastada com a Representação, que corresponderia a toda uma série de mediações inventadas pelo homem para apreender e se aproximar da realidade, tal como os signos e conceitos. A Presença se oferece ao homem através da percepção, da mediação sensorial; para o historiador, a Presença do Passado se manifesta através das fontes históricas, desde que devidamente criticadas e considerando que – não há como contornar isto – uma fonte também envolve na verdade a própria Representação elaborada por outros, de modo que ao historiador caberia perceber através da fonte a Presença e a Representação, podendo se valer de uma e outra para compreender a época ou a sociedade examinada. Já o Pós-Modernismo tenderia a questionar ou, no limite, mesmo rejeitar esta distinção entre a Presença e a Representação. Para o campo de propostas que passou a ser conhecido como "giro linguístico", nada seria independente de uma Linguagem que precede o próprio Pensamento, o que também traz implicações para determinadas metodologias semióticas nas quais se considera que "nada está fora do texto". A crítica do referente externo também remete ao que Fredric Jameson discutiu como um abandono do conceito de Verdade, ou de sua busca, e àquilo a que Ankersmit, no seu polêmico texto "Historiografia e Pós-Modernismo", havia se referido como uma combinação de "antiessencialismo" e "antifundacionalismo" (ANKERSMIT, 1989, p. 129).

O segundo e terceiro pilares dos habituais sistemas cognitivos que seriam diretamente confrontados pelo "modo pós-moderno" são o do "Mito de Origens" e o da "Ilusão da Unidade" (expressões evocadas de modo a sempre recolocar a questão nos próprios termos que poderiam ser proferidos de uma perspectiva pós-modernista). Ambos os aspectos remetem à velha "crise das metanarrativas", que já vimos na *Condição Pós-Moderna* proposta por Lyotard (1979), mas também à crise das metadescrições sistêmicas. Afinal, se não há uma Metanarrativa, com um herói coletivo que caminha teleologicamente para o seu triunfo utópico, ou se não existem mesmo micronarrativas coerentes e organizadas neste mundo feito de hesitações, descontinuidades e rupturas, não há uma "origem" a ser buscada para cada processo. De igual maneira, se não há um sistema dentro do qual tudo se encaixa como uma engrenagem neste mesmo mundo descontínuo, não há como decifrar por trás de tudo essa grande "unidade" que se traduzia em sistemas fechados e extremamente coerentes.

Para entender a crítica pós-modernista ao "mito das origens" – este segundo pilar da racionalidade que o Pós-Modernismo vem abalar – podemos acompanhar a análise de Ciro Flamarion Cardoso. O que os pós-modernos criticam não é apenas a busca de origens em uma cadeia de acontecimentos, mas também a busca daquilo que está por trás dos fenômenos – uma causa ou conjunto de fatores que, juntos e em determinadas condições, teriam produzido o fenômeno que está sendo estudado. Para Cardoso, essa rejeição da busca de origens, ou do que "está por trás dos fenômenos" (para retomar a expressão de Ankersmit, esse "levantar o azulejo para ver o que está por debaixo"), traria à postura pós-moderna uma tendência à superficialidade, ao descritivismo (CARDOSO, 2005, p. 86). Os sistemas não existem, e portanto a postura mais adequada a um "realismo pós-modernista" (se pudermos evocar esta aparentemente paradoxal expressão) seria a de descrever a superfície de um mundo sem profundidades, ou de realizar o inventário das descontinuidades e diferenças, talvez o retrato do caos. Daí a crítica à busca da causalidade, que Ankersmit expressa no texto já discutido de 1989 (p. 119), e que Zagorin considera incoerente na sua réplica de 1990 ao mesmo texto de Ankersmit (p. 144-145). A crítica à "Ilusão da Unidade", naturalmente, caminha na mesma direção. O próprio "eu", unidade irredutível e absoluta que antes se encontrava soberanamente encastelada no indivíduo, não mais existiria nesta concepção segundo a qual a pluralidade adentra o próprio indivíduo humano e legitima a sua incoerência interna. No plano geral, a unidade holística do modernismo estruturalista e do realismo historicista rompe-se definitivamente do ponto de vista pós-moderno, gerando no lugar da História muitas histórias que corresponderiam às migalhas denunciadas por François Dosse (1987), para já introduzir aqui este tenso e belicoso diálogo que contrapõe dois mundos que não se compreendem um ao outro.

O "Autoritarismo Normativo" corresponde ao quarto pilar que o pós-modernismo pretende abalar. Pretende-se encaminhar aqui uma crítica às pretensões normativas – que se queiram impor como transcendentes ou universais – a partir da "exposição dos processos de pensamento, escrita, negociação e poder que produziram aquelas pretensões normativas" (CARDOSO, 2005, p. 89). Categorias e sistemas de categorias que cotidianamente são aceitos como dados e irrefutáveis, como a dicotomia sexual que reparte os seres humanos em apenas dois sexos, são submetidos à crítica; e se as normas de gentileza e cavalheirismo são submetidas à possibilidade de serem decifradas como "dominação masculina", também à implacável Escravidão se permite analisar como suave e negociável. Se a pós-modernidade se abre como espaço de expressão ao feminismo, ao ecologismo, ao movimento negro, às diversas tribos urbanas, às análises multiculturalistas, também se oferece como mundo possível para os neonazistas e para as gangs de rua. Se nenhum sistema normativo é transcendente e nenhum padrão de comportamento pode ser imposto como consensual, torna-se também possível ao historiador pós-moderno, dentre a sua pluralidade de histórias, historiar o neonazismo do ponto de vista do próprio neonazista, dar voz ao *serial killer* como narrador de suas próprias atrocidades, ou tecer a rede de discursos que se estabelece em torno de um crime de parricídio. Eu, Pierre Rivière, que degolei minha mãe, minha irmã e meu irmão (1977)[25].

O último pilar modernista que é submetido à crítica pós-moderna é o do "Texto Oni-Coerente". Tem-se aqui uma proposta metodológica, da parte dos pós-modernistas, à qual Cardoso se referiu como "Alteridade Constitutiva", ilustrando com a metáfora de que "as margens é que constituem o texto" (CARDOSO, 2005, p. 90). A mesma questão também foi tratada por Ankersmit, no texto já discutido (1989). Todo texto, na sua busca de oni-coerência, empurra para as suas margens o que lhe é estranho ou não desejável. Ilustra-se na Psicanálise com o discurso do paciente que é analisado, este que empurra para os cantos do seu discurso o que não cabe na representação que conscientemente faz de si mesmo, mas que através do inconsciente escapa através de atos falhos, dos não ditos e entreditos que devem ser sistematicamente postos a falar pelo psicanalista. Na historiografia, lembraremos a perspectiva que já foi discutida por Ankersmit (1989) a respeito da metodologia de análise de evidências utilizada por Georges Duby. Este apontava, na entrevista já discutida, para a possibilidade de construir a História através do não dito, do que foi suprimido (intencionalmente ou não), do detalhe, do que teria parecido irrelevante para uma época, mas que, posteriormente, torna-se revelador para outra. Surge também aqui a possibilidade de apreender aspectos

25. A obra coordenada por Michel Foucault aborda a problemática do sujeito submergido pelo discurso. Entre o relato de Rivière – um jovem de 20 anos de idade que em 1835 havia degolado sua mãe, sua irmã e seu irmão – e o relato das testemunhas do crime, discursam os médicos e os magistrados, que oscilam entre enxergar o criminoso do ponto de vista da alienação mental ou da cruel racionalidade.

importantes através dos lapsos de linguagem, tal como propõe Ankersmit e replica Zagorin na crítica ao primeiro (ZAGORIN, 1990, p. 149). O Texto "Oni-Coerente", enfim, precisa ser desmontado pelo analista, posto a falar - através dos detalhes e das margens que escapam ao seu controle - das alteridades que excluiu ou segregou. Esta seria uma postura metodológica sintonizável com o Pós-Modernismo, mas não exclusiva dela, já que historiadores distintos têm se valido da inquirição dos detalhes, lapsos e margens historiográficas, o que ocorre, por exemplo, com a Micro-história, independente da posição do micro-historiador na querela entre Modernismo e Pós-Modernismo.

Uma síntese da postura Pós-Modernista mais radical, e de suas implicações quando da aplicação à historiografia, poderia avançar ainda por outros aspectos. Um deles, que já fora salientado por Jameson em "A Lógica Cultural do Capitalismo Tardio" (1984), refere-se ao esboroamento ou desconstrução entre as fronteiras dos gêneros de texto, inclusive entre as modalidades disciplinares. Isso estava a ocorrer a partir da Arte Contemporânea dos anos de 1960, quando passaram a surgir objetos artísticos que já não eram uma pintura, uma escultura, uma arquitetura, mas tudo isso junto, ou que diluíam fronteiras entre Arte e Filosofia, tal como ocorria com a Arte Conceitual. No campo do conhecimento, surgia aquele território comum no qual se aventuraria um autor, ao construir um único texto sem que fosse possível defini-lo por uma História, uma Crítica Literária, uma Filosofia, ou mesmo uma peça de Literatura, nos casos extremos. Estes rompimentos entre fronteiras, artísticas ou disciplinares, renderam desde obras magistrais (como as de Foucault) até obras por vezes desastrosas. Nesse mundo de liberdades com relação aos campos de conhecimento, também surgiria a possibilidade de profissionais de um determinado campo adentrarem audaciosamente um outro, por vezes sem preparo ou domínio dos conceitos e práticas típicos do seu novo campo de experiências. Admitindo-se que tenha havido experiências positivas, também ocorreram as desastrosas. Apenas para dar um exemplo, não é difícil localizar obras de jornalistas que se lançaram avidamente ao estudo dos objetos históricos vários como se estivessem tratando de uma investigação jornalística – que no final das contas era o que eles aprenderam a fazer no seu período de formação e experiência prática. Obras por vezes com falhas conceituais, anacronismos, perspectivas já superadas, modos de trabalhar a fonte apenas na superfície, e outros tantos problemas, podem aparecer aqui como um dos desdobramentos da abertura pós-moderna. Isso não quer dizer, naturalmente, que não haja importantes obras historiográficas produzidas sob a perspectiva do Pós-Modernismo. Vejamos algo nesta direção, tentando nos perguntar pelos historiadores pós-modernos.

12 Quem são os pós-modernos

Alguns exemplos de historiadores, nos quais desponta menos ou mais claramente a tendência pós-modernista, podem ser citados. Alain Corbin (n. 1936), com obras como *O território do vazio: a praia e o imaginário ocidental* (1989), pode ser talvez um bom exemplo. A si mesmo, ele define-se a partir de uma designação que se refere a um campo histórico, ou mais especificamente a um domínio temático: o da "história das sensibilidades" - o que é adequado, no sentido de que em sua obra procura examinar as mudanças ou permanências nos modos de sentir. Os temas explorados por Alain Corbin sinalizam o gosto pelo inesperado, pelo exótico, pela investigação daquilo que ainda não fora até então constituído como objeto por nenhum outro historiador. Essa perseguição da originalidade é um traço característico de Alain Corbin, que elegeu entre seus temas de investigação uma História da Paisagem Sonora (*Les cloches de la terre - Paysage sonore et culture sensible dans les campagnes au XIXe siècle*), publicada em 1994 - obra na qual afirma a pretensão de dar uma particular atenção "ao inatual, ao insólito, ao que é decretado irrisório... tentar um estudo da gênese da insignificância, depois da evolução e da difusão das formas da incompreensão".

Uma História do Olfato é o que busca Corbin com a obra intitulada *Le miasme et la jonquille: odorat et imaginaire social*, publicada em 1986 e logo tomada por Patrick Süskind como fonte de inspiração para seu best-seller *O perfume*. Para mencionar outras das temáticas inventadas pelo historiador francês, podemos citar uma história da miséria sexual masculina, ou a história da sensibilidade ao "tempo que faz". Entre os temas mais recorrentes, acham-se as investigações sobre a História da Paisagem, percorridas em obras como *Le territoire du vide: l'Occident et le désir de rivage* (1990), ou, ainda, *L'homme dans le paysage* (2001). Em *A vila dos canibais* (1989), investiga a história de um acontecimento – uma sangrenta revolta de camponeses – a partir da qual buscou recuperar a lógica de cada um dos atores envolvidos no episódio ou, como ele mesmo afirma em uma entrevista concedida a Laurent Vidal, procurando "colocar-se na pele dos próprios atores" de modo a reconstituir a lógica de cada um deles ou de cada um dos grupos envolvidos, bem como os seus sistemas de representação do mundo e do além, de modo a melhor entender o enfrentamento e os resultados.

Tipicamente pós-moderna, por aceitar e buscar mais enfaticamente a intrusão da ficção para preenchimento de lacunas, parece ser a obra *O mundo reencontrado de Louis-François Pinagot: no rastro de um desconhecido* (1998). Nela Corbin declara o desejo de investigar "a atonia de uma existência comum", o que o levou a procurar obsessivamente, durante três anos, um indivíduo que não tivesse deixado nenhum vestígio no curso de sua existência, com o que pretendia "apoiar-se sobre o vazio e o silêncio a fim de aproximar um Jean Valjean que nunca teria roubado pão". A técnica utilizada é por ele mesmo referida como emprestada Cinema, e visou utilizar uma câmera subjetiva de modo a recriar "o possível e o provável, esboçar uma história virtual da paisagem, da sociedade habitual e dos ambientes". Assim explica Corbin, ao seu entrevistador, a experiência realizada:

> Trata-se, efetivamente, de uma experiência. Entrei pela primeira vez em arquivos em 1956, e você está falando de 1995, ou seja, 40 anos depois: você sabe que não se pode fazer sempre a mesma coisa – seria maçante. E se a gente não se dá prazer, está perdido. Como a ideia me veio? Foi no departamento da Orne, no pequeno município de onde vem minha família: entro um dia no cemitério, e vejo que metade dos túmulos tinha sido destruída por um trator. Tive medo, em primeiro lugar, que túmulos que me dizem respeito, aqueles de meus antepassados, fizessem parte do lote. Não era o caso. Mas pensei, mesmo assim: aqueles túmulos, eu os via com minha avó quando era pequeno, e agora estão destruídos. Não sobrou nada deles, ora, não eram tão longínquos aqueles que estavam enterrados aí. Fui então levado a uma meditação sobre o desaparecimento. Quase dei este nome ao livro: *Viagem ao domínio das sombras*, como Virgílio indo aos infernos! Nossos bisavós – conseguimos apreender. Tataravós – começa a ficar complicado. E, se for o caso de ir mais além, você não sabe mais sobre seus antepassados do que sobre as pessoas da pré-história: estão desaparecidos, definitivamente. É o que leva tantas dezenas de milhares de genealogistas aos depósitos de arquivos. Vão reencontrar avô, bisavô, desse jeito eles conseguem voltar no tempo, mas só obtêm nomes. Quis, então, tomar um daqueles e tirá-lo da sombra. Uma ressurreição, em suma. Mas você sabe que eu fui criticado, a esse respeito? Lembro-me de uma estudante de mestrado que me retorquiu, eu não tinha o direito de fazer aquilo: "Não tenho a menor vontade de que, daqui a 150 anos", me disse, "alguém venha me buscar assim".

Talvez, é possível aventar, esteja aqui um bom exemplo de obra historiográfica pós-moderna. O método é bastante peculiar. O acaso é assumido como recurso para produzir a escolha do personagem a ser examinado. Quem pensaria nisto no âmbito de uma historiografia racionalista à maneira dos *Annales*, que seleciona a documentação em função de um problema que deverá gerar todas as escolhas?

> O que fazer, então? O melhor, pensei, é talvez ir aos arquivos e proceder ao acaso. Tinha achado isso divertido. É fácil deixar agir o acaso: nos arquivos da Orne, em Alençon, estão conservados os registros de estado civil, por município. Você não olha, coloca o dedo sobre um nome: "Zás! pronto". Caio sobre o pequeno município de Origny-le-Butin. Era perfeito. Quatrocentos habitantes na época, 250 hoje. Há, aliás, só – ou quase – parisienses que compraram casas de campo no município. O mais engraçado é que os arquivistas haviam pedido que eu preenchesse uma ficha de inscrição: "Sobre o que o senhor trabalha? – Não sei, mas vou lhe dizer daqui a quinze minutos". Então pedi as tabelas decenais – casamentos, óbitos etc. – e escolhi três nomes. Um morreu com vinte e poucos anos, portanto não me interessava. E havia aquele Louis-François Pinagot, que viveu 76 anos e que tinha atravessado o século, praticamente. Pensei: "É ele". Não se toma uma tal decisão sem emoção: "Agora vou trabalhar – quanto tempo, não sei, sem dúvida vários meses – sobre esse senhor que estava ali, completamente adormecido". E não conseguia me impedir de pensar: "Se há uma outra vida e eu a encontrar, será surpreendente". Procurei, portanto, tudo que eu poderia saber.

Enfim, fariam de Alain Corbin um provável candidato à classificação no âmbito da historiografia pós-moderna alguns aspectos como a opção pelos temas exóticos, pela viva reconstrução lacunar através de uma imaginação romanesca, pela incorporação do acaso como procedimento, pela pesquisa do anônimo desconhecido que se torna importante pela sua insignificância – mas não em uma perspectiva como a da Micro-história, que é a de utilizar esse anônimo ou o detalhe pouco percebido como caminho para chegar a uma questão mais ampla... em Corbin, o que se busca é o insignificante pelo prazer de investigar o insignificante. Estaria talvez aqui um bom exemplo de historiografia pós-moderna no que se refere a alguns aspectos que têm sido criticados pelos historiadores que ainda buscam o sentido na história, a ligação com contextos mais amplos, a problematização.

Richard Price, autor de um interessante livro sobre os *Saramakas do Suriname* (1990), também pode ser associado à prática historiográfica pós-modernista, e é assim que Hobsbawm o apresenta na sua resenha "Pós-Modernismo na floresta" (1990), incluída na coletânea de ensaios Sobre a História (1997). O interessante na obra *Alibi's World*, de Richard Price (1990), é a originalíssima experimentação em torno de um novo padrão de análise das fontes, e de exposição dos resultados, que poderemos denominar "Polifonia". O livro busca examinar as sociedades quilombolas do Suriname nos séculos XVIII e XIX. Para compreender a história dos saramakas – que é como no Suriname eram chamados os quilombolas que construíram sociedades às margens do sistema escravista – Richard Price procura apreender estas sociedades através da vida e contexto de um chefe quilombola chamado Alabi (1740-1820). Mas o que importa é o método proposto. Price procura construir a sua polifonia de vozes trazendo, para além da sua própria voz de autor, as vozes dos vários atores sociais que são entrevistos nas fontes. Cada uma destas vozes é identificada no texto escrito por Richard Price com uma fonte tipográfica distinta, sendo este o singular recurso visual disponibilizado para o leitor, de modo a que este não se perca naquilo a que Eric Hobsbawm parece entrever como uma espécie de "floresta de vozes" construída por este audacioso ensaio que foi objeto de considerações da parte de Hobsbawm em uma resenha intitulada "Pós-Modernismo na Floresta" (1990). A experiência polifônica de Richard Price, embora criticada na sua realização final por Hobsbawm, é certamente material de extremo interesse para se pensar as futuras possibilidades da História no que se refere a novos modos de lidar com as fontes e a novos modos de expor o texto.

Pesquisas e experiência na escritura da história, como a empreendida por Price, devem ser relacionadas a multiplicação de abordagens e modos de exposição que os novos tempos trouxeram. Esta expansão metodológico-expositiva caminha ao lado, certamente, da expansão temática em direção a novos objetos e a novas possibilidades de leituras miniaturizadas de certos aspectos da realidade social, econômica, política e cultural – incluindo também aquilo que Dosse chamou de uma "história em migalhas". Entre historiadores renomados, aparecem estudos que no passado teriam despertado ainda mais estranheza, como por exemplo uma "história das notas de pé de página", escrita por Anthony Grafton (1997)[26].

Exemplo de investimento nas leituras fragmentadas pode ser ilustrado com a obra *Citizens: a chronicle of the French Revolution*, de Simon Schama, um historiador britânico particularmente bem-articulado com a Mídia, que busca examinar o período da Revolução Francesa a partir de histórias de vida pessoais, alternando-as com afirmações polêmicas que mereceram críticas de especialistas, apesar do estrondoso sucesso editorial da obra, quem em certo momento se arrisca a explicar o Terror e a Violência como "corolário lógico da linguagem universalista da Declaração de Direitos Humanos"[27]. É também um investimento nos horizontes da experiência pessoal o estudo de Sean Wilentz sobre um profeta urbano

26. Anthony Grafton também investiu no estudo de temas mais clássicos da História Cultural, examinando o classicismo renascentista.

27. Uma crítica às afirmações de Schama pode ser encontrada em Tackett (2003).

da Nova York do início do século XIX (1999). Argumenta-se que, nesta recuperação de histórias pessoais do passado, sem uma ligação maior ao contexto ou sem o contraponto de problematizações, tal tipo de historiografia pouco acrescentaria em relação à literatura mais livre, resultando que a própria identidade da História enquanto gênero com especificidades próprias se veja ameaçada.

É verdade ainda que, co-habitando o mesmo universo que os historiadores profissionais, uma série de outros escritores de histórias invadiu o mercado editorial pós-moderno, que também oferece como dimensão possível a "superficialidade" já identificada por Jameson. Beneficiando-se da tendência a uma estetização da historiografia, não é raro que surjam profissionais de outras áreas que trabalham com a elaboração literária prontos a acrescentar a sua lantejoula historiográfica no mercado editorial, superficial mas escrita em texto fluente, capaz de seduzir um público leitor mais amplo e, desta maneira, agradar os editores. "Surgem histórias" como a *História íntima do beijo* (ENFIELD, 2008), a *Breve história das nádegas* (HENNIG, 1997), a *História do estupro* (VIGARELLO, 1998). Há uma história para cada objeto – dos clipes, garfos e latas aos zíperes – como nos mostra o ensaio de Henry Petroski sobre *A evolução das coisas úteis* (2007). No mundo editorial pós-moderno, parece ser esta a tendência, há espaço para tudo nas prateleiras dos livros de História.

13 Conclusões: a história pós-moderna e o contexto das crises historiográficas

Será a historiografia pós-moderna um produto das crises historiográficas, ou uma resposta a estas mesmas crises? Que caminhos, para além do pós-modernismo historiográfico, e ao lado deste como alternativas, redesenham-se neste momento, apontando para futuras possibilidades ainda a serem percorridas pelos historiadores? Vivemos um período rico no que se refere a uma multiplicação de alternativas disponíveis aos historiadores profissionais, o que também não deixa de ser percebido por muitos destes como uma cadeia de sucessivas crises que, no último século, precisaram ser enfrentadas pela disciplina História.

Quando se fala em "Crise", uma das principais questões que podem ser evocadas para as suas tentativas de compreensão é a da natureza de sua origem. Ainda que, rigorosamente falando, toda crise tenha origem em certa complexidade de elementos, podemos classificar os aspectos que produzem a crise de duas formas em relação ao sistema que está em situação crítica. Há os fatores endógenos, que são aqueles que foram produzidos pelo próprio sistema em causa; e há os fatores exógenos, que são aqueles que intervieram de fora.

A Historiografia Ocidental, no decorrer de dois séculos desde princípios do século XIX, foi produzindo com o seu próprio desenvolvimento aquilo que podemos definir como uma "superconsciência histórica". Cada vez mais o homem contemporâneo, e mais ainda o historiador, foi elaborando uma consciência da própria relatividade e historicidade da história, o que se deu no decorrer de maturações várias que vão dos desenvolvimentos da hermenêutica historicista à crescente tomada de consciência gerada pela própria prática historiográfica, ao se confrontar com níveis vários de subjetividade nos vários momentos da operação historiográfica. Este processo, de alguma maneira, foi interno à História, enquanto campo disciplinar. A natureza deste próprio conjunto de práticas e representações que é a historiografia leva o seu primeiro praticante, o historiador, desde o primeiro momento de seu trabalho, a entrar em contato com a natureza relativa e histórica daquilo que servirá de base material para a produção do conhecimento histórico: a fonte.

Desde os primeiros historicistas que, ainda na transição do século XVIII ao XIX, aperfeiçoaram a crítica documental, e mesmo antes, a historiografia tomava consciência de que um texto produzido por um ser humano no passado, fosse ele quem fosse, trazia marcas diversas de subjetividades e de contextos que o circunscreviam, de interesses pessoais, de posições de classe, de negociações realizadas entre o emissor e o destinatário do discurso registrado em texto, de aderências a um estilo ou gênero já consagrado pelo uso, de condições de produção do texto, e assim por diante. O documento histórico não podia ser examinado como algo transparente, como mero testemunho que expunha objetivamente informações sobre o passado. A subjetividade humana, e a complexidade que envolvia o seu enunciador, eram inseparáveis da fonte histórica – do texto que o historiador deveria analisar no ponto de partida da sua operação historiográfica.

Ora, era inevitável que essa mesma historiografia, cedo ou tarde, percebesse que o próprio texto produzido pelos historiadores era ele mesmo um texto da natureza: atravessado por subjetividades e complexidades várias, Por isso, a crítica do historiador contemporâneo também começou a se voltar contra si mesmo, e não é por acaso que no século XX comecem a surgir cada vez mais textos que refletem sobre a própria historiografia, e não mais apenas sobre a História-Efetiva. Os textos que começam a surgir na década de 1970 constituíram um momento de maior intensificação, incluindo obras importantes como "A Operação Historiográfica", de Michel de Certeau; *Como se escreve a História*", de Paul Veyne; *A meta-história*, de Hayden White, e tantas outras. Foi se desenvolvendo no historiador contemporâneo, enfim, aquilo que podemos categorizar como uma gradual ampliação da consciência historiográfica, ou mesmo como uma "superconsciência histórica".

Este foi um fator endógeno, desenvolvido no seio dos próprios processos de transformação da historiografia ocidental, que tem contribuído para as crises cíclicas da historiografia, se aqui pudermos utilizar esta imagem emprestada à Economia para se referir às já bem-conhecidas crises cíclicas do Capitalismo. Como está superconsciente de sua própria historicidade, o historiador é constantemente levado a repensar os caminhos da historiografia que produz. Naturalmente que fatores externos também trazem a sua contribuição. Desenvolvimentos advindos de outras áreas da reflexão humana também afetam constantemente a historiografia, um campo que foi cada vez mais se afirmando como interdisciplinar e, portanto, aberto a contribuições externas. O chamado "giro linguístico" dos anos de 1960, conforme evocamos neste livro, com seus questionamentos em torno do predomínio da Linguagem sobre o Pensamento, intensificou em historiadores vários uma reflexão sobre os limites da narratividade histórica: uma vez que é a

Linguagem que estrutura o Pensamento, até que ponto uma narrativa historiográfica pode efetivamente se colocar como relacionada de maneira significativa e relevante ao Real? Conforme vimos, este tipo de reflexão iria centralizar as práticas e representações de um setor da chamada historiografia pós-moderna que, no limite, passou a reduzir a Historiografia apenas ao Discurso.

Na história-efetiva também nos deparamos frequentemente com crises extremamente breves e crises mais longas, que por vezes duram séculos. Também a Historiografia apresenta suas crises mais extensas, e suas crises de menor duração. As Crises dos Fins da História, como foi o caso da celeuma gerada pela impactante mas fugaz afirmação de Fukuyama de que "a história tinha chegado ao fim" em 1989, foi uma destas microcrises. Movimentou muito a atenção da crítica e da intelectualidade da época, particularmente no seio da historiografia com posições mais contrárias do que a favor, e em pouco tempo caiu no esquecimento. Verificou-se, mais tarde, que a atenção despertada pelo "fim da história" de Fukuyama foi mais um efeito de mídia do que qualquer outra coisa. Há crises mais longas. As incertezas apontadas desde o final dos anos de 1980, e que podem ser exemplificadas com aquele editorial dos *Annales* de 1989 que mencionamos no início deste artigo, parecem perdurar ainda hoje. De todo modo, é sempre importante distinguir as crises mais longas e que hão de requerer planejamentos mais sistematizados para a sua superação de crises que correspondem a perturbações temporárias próprias dos próprios mecanismos de regulação de um sistema, de uma prática, de um grupo, ou mesmo de um indivíduo.

Também podemos falar em crises de baixa intensidade e em crises de alta intensidade. É ainda importante distinguir as crises gerais que afetam a Historiografia como um todo das crises localizadas ou específicas, que afetam uma historiografia em particular. Uma crise envolvendo a ideia de cientificidade, por exemplo, abateu-se sobre a Historiografia que se produzia sob o signo da herança das duas primeiras gerações da Escola dos *Annales*, e que tinha na eficiência do modelo serial-quantitativo o seu maior ícone. Nos anos de 1980, a História Serial começou a ser questionada, e as correntes da historiografia francesa que se postulam como herdeiras dos *Annales* (e outras por elas influenciadas, no mundo inteiro) entraram em crise. Os novos historiadores, como Georges Duby, já não queriam falar em cientificidade; questionavam os métodos científicos das abordagens seriais e quantitativas; admitiam preencher lacunas da História-Efetiva com a imaginação; e chegavam a declarar que a História, antes de mais nada, é feita para divertir. Entrava igualmente em cena uma contestação, por vezes velada, da noção de "história total", e a fragmentação e parcelarização da história surgia como um novo campo de alternativas, aliás estimulado pelas novas modas editoriais, tal como pudemos ver na argumentação desenvolvida por François Dosse em *A História em Migalhas* (1987).

Esta inversão de expectativas, em relação a todo um padrão historiográfico anterior, pode ser também examinada como uma resposta à Crise. Tal como propõe Le Roy Ladurie em suas reflexões sobre o conceito de crise (1976), uma crise é tempo de decisão no qual o sistema opta por decair ou reconstituir-se de uma outra maneira. Superar a crise, certamente, exige esforço, e a crise também pode ser definida como toda a situação de mudança de que exige, da pessoa ou do grupo afetado, um esforço suplementar para manter o equilíbrio ou estabilidade. Ocorrendo este esforço, a crise pode ser vista como ocasião de crescimento, que conduzirá a novas situações de equilíbrio e prosperidade. Já é lugar-comum citar o caso da língua chinesa, na qual o mesmo ideograma remete às situações da Crise e da Oportunidade. As crises na história – das de baixo impacto às de alto impacto, das fugazes às de longa duração, das que trazem decadência às que permitem crescimento, das que perturbam às que autorregulam, das que são geradas por dentro às que vêm de fora – podem ser pensadas, em um plano mais alto, como partes importantes desta complexa história da historiografia. Os rumos da história pós-moderna, se assim podemos chamar a um certo setor da historiografia contemporânea, e também os futuros desenvolvimentos de uma série de outras propostas que não se adéquam propriamente ao conceito de "pós-modernismo historiográfico", ainda estão por se definir no interior desta mesma complexidade.

Notas sobre o texto

O livro que aqui se apresenta deriva do desenvolvimento de dois artigos publicados pelo autor. O mais recente foi publicado na revista portuguesa *Ler História* (revista do Iscte, Instituto Universitário de Lisboa – Portugal), com o título "A Historiografia Pós-moderna" (BARROS, J.D'A. *Ler História*, vol. 61, 2011, p. 147-167). O texto também incorpora desenvolvimentos de um artigo anterior sobre "As Crises Recentes da Historiografia", publicado na revista *Diálogos* da Universidade Estadual de Maringá (BARROS, J.D'A. *Diálogos*, vol. 14, n. 1, 2010, p. 133-158).

Referências

ANDERSON, P. *As origens da Pós-Modernidade.* Rio de Janeiro: Zahar, 1999 [original: 1998].

______. *A crise da crise do marxismo* – Introdução a um debate contemporâneo. São Paulo: Brasiliense, 1984.

ANKERSMIT, F.R. *The Political Representation.* Stanford: Stanford University Press, 2002.

______. "Historiografia e Pós-Modernismo". In: *Topoi* – Revista de História, vol. 2, 2001. Rio de Janeiro: UFRJ ["Historiography and Postmodernism". In: *History and Theory*, n. 28, 1989, p. 137-153].

______. *The Historical Representation.* Stanford: Stanford University Press, 2001.

______. *The Aesthetic Politics:* Political Philosophy Beyond Fact and Value. Stanford: Stanford University Press, 1996.

______. *The Reality Effect in the Writing of History* – The Dynamics of Historiographical Topology. Amsterdã: Noord-Hollandsche, 1989.

BARTHES, R. "O efeito de realidade" e "O discurso da história". In: *O rumor da língua.* São Paulo: Martins Fontes, 2004, p. 163-190 [original: 1989].

BAUDRILLARD, J. *Simulacros e simulação.* Lisboa: Relógio D'Água, 1991 [original: 1981].

BAUMAN, Z. *O mal-estar da Pós-Modernidade*. Rio de Janeiro: Zahar 1998 [original: 1997].

BELL, D. *The End of Ideology* - On the Exhaustion of Political Ideas in the Fifties. Nova York: The Free Press of Glencoe, 1960.

BENTLEY, M. *Modern historiography:* an introduction. Londres: Routledge, 1999.

BODEI, R. *A História tem um sentido?* Bauru: Edusc, 1997.

BURKE, P. "A História dos Acontecimentos e o Renascimento da Narrativa". In: *A Escrita da História* - Novas perspectivas. São Paulo: Unesp, 1992, p. 327-348.

CALLINICOS, A. *Against Pos-Modernism* - A marxist critique. Cambridge: Polity Press, 1989.

CARDOSO, C.F. "Epistemologia Pós-Moderna e conhecimento: visão de um historiador". In: *Um historiador fala de Metodologia*. Bauru: Edusc, 2005, p. 73-94.

CERTEAU, M. "A Operação Historiográfica". In: *A Escrita da História*. Rio de Janeiro: Forense Universitária, 1982, p. 65-119 [original: 1974].

CONNOR, S. *Cultura Pós-Moderna* - Introdução às teorias do contemporâneo. São Paulo: Loyola, 2000 [original: 1989].

CORBIN, A. "Alain Corbin: o prazer do historiador". In: *Revista Brasileira de História*, vol. 25, n. 49, jan.-jun/2002. São Paulo [Entrevista].

______. *L'homme dans le paysage*. Paris: Textuel, 2001.

______. *Le monde retrouvé de Louis-François Pinagot:* sur les traces dun inconnu (1798-1876). Paris: Flamarion, 1998.

______. *Le miasme et la jonquille:* odorat et imaginaire sócial. Paris: Albin Michel, 1994.

______. *Le territoire du vide:* l'Occident et le désir de rivage. Paris: Flammarion, 1990.

______. *Le village des "cannibales"*. Paris: Aubier, 1990.

______. *Território do vazio:* a praia e o imaginário ocidental. São Paulo: Companhia das Letras, 1989.

______. *Les cloches de la terre* – Paysage sonore et culture sensible dans les campagnes au XIXe siècle. Paris: Flammarion, 1986.

CORBIN, A.; VIGARELLO, G. & CURTINE, J.-J. (orgs.). *História do corpo*. Petrópolis: Vozes, 2008 [original: 2005].

CULLER, K. *On Desconstruction:* Theory and Criticism after Structuralism. Londres: 1985.

DAVIES, N. *Heart of Europe:* a Short History of Poland. Oxford, 1984.

DAVIS, N.Z. *O retorno de Martim Guerre*. Rio de Janeiro: Paz e Terra, 1987 [original: 1982].

DIEHL, A. "Aspectos da desilusão da ideia de progresso na História e suas implicações". In: *Cultura Histórica* – Memória, identidade e representação. Bauru: Edusc, 2002, p. 21-44.

DOSSE, F. *L'histoire em miettes* – Des Annales à La Nouvelle Historie. Paris: La Découverte, 1987.

DUBY, G. "A História: um meio de divertimento, um meio de evasão, um meio de formação". In: LE GOFF, D. & LADURIE, Le Roy et al. *A Nova História*. Lisboa: Ed. 70, 1991 [original: *Magazine Literaire*, n. 123, 1977].

DUBY, G. & LARDREAU, G. *Dialogues*. Paris: Flamarion, 1980.

EAGLETON, T. *As ilusões do Pós-Modernismo*. Rio de Janeiro: Zahar, 1998 [original: 1996).

ENFIELD, J. *História íntima do beijo*. São Paulo: Matrix: 2008.

ENZENBERGER, H.M. *O curto Verão da Anarquia:* Buenaventura Durruti e a Guerra Civil Espanhola. São Paulo: Companhia das Letras, 1987 [trad. Márcio Suzuki].

FONTANA, J. "Em busca de novos caminhos". In: *História dos homens*. Bauru: Edusc, 2004, p. 471-490.

FOUCAULT, M. *A ordem do discurso*. São Paulo: Loyola, 1996.

______. *Arqueologia do saber*. Rio de Janeiro: Forense, 1986.

______. *A verdade e as formas jurídicas*. Rio de Janeiro: PUC, 1979.

FOUCAULT, M. (org.). *Eu, Pierre Rivière, que degolei minha mãe, minha irmã e meu irmão* – Um caso de parricídio do século XIX apresentado por Michel Foucault. Rio de Janeiro: Graal, 1977 [original: 1973].

FUKUYAMA, F. "The End of History". In: *The National Interest*, n. 16, Summer, 1989, p. 3-18.

GAY, P. *O estilo na História*. São Paulo: Companhia das Letras, 1990 [original: 1974].

GINZBURG, C. "Raízes de um paradigma indiciário". In: *Mitos, emblemas e sinais*. São Paulo: Companhia das Letras, 1991, p. 143-179 [original italiano: 1986].

______. "Provas e possibilidades". In: *A micro-história e outros ensaios*. Lisboa: Difel, 1989, p. 179-202 [original: 1979].

GOODMAN, N. "The Status of Style". In: *Ways of Worldmaking*. Cambridge, Mass: 1983.

GRAFTON, A. *Footnote:* a curious history. Harvard: Harvard University Press, 1997.

GUHA, R. *History at the Limit of World-History*. Colúmbia: Columbia University Press, 2002.

______. *The Small voice of History* - Estudos Subalternos. Delhi: Oxford University Press, 1996.

HABERMAS, J. "La modernité: un projet inachevé". In: *Critique*, n. 413, out./1981. Paris: Minuit.

HARLAN, D. "Intellectual History and the Return of Literature". In: *American History Review*, n. 94, jun./1989, p. 879-907.

HARTOG, F. *O espelho de Heródoto*. Belo Horizonte: UFMG, 1999 [original: 1980].

HARVEY, D. *A condição Pós-Moderna*. São Paulo: Loyola, 1993 [original: 1990].

HENNIG, J.-L. *Breve história das nádegas*. São Paulo: Terramar, 1997.

HOBSBAWM, E. "Escaped Slaves of the Forest". In: *New York Review of Books*, 06/12/1990, p. 46-48 [republicado em "Pós-Modernismo na Floresta". In: *Sobre História*. São Paulo: Companhia das Letras, 2005, p. 201-206] [original do livro: 1997; original do artigo: 1990].

______. *The Revival of Narrative:* some comments, n. 86, fev./1980, p. 3-8 [republicado em: *Sobre História*. São Paulo: Companhia das Letras, 2005, p. 201-206] [original: 1997].

HUDSON, W. "The Question of Postmodern Philosophy". In: HUDSON, W. & REIJEN, W. (orgs.). *Modernen versus Postmodernen*. Ultrech: Het Spectrum, 1986, p. 51-91.

HUGHES, S. "The End of Political Ideology". *Measure*, n. 2. 1951, p. 146-158.

JAMESON, F. "Introdução". In: *Pós-Modernismo:* a Lógica Cultural do Capitalismo Tardio. São Paulo: Ática, 2006, p. 13-25 [original: 1991].

______. "Pós-Modernismo: a Lógica Cultural do Capitalismo Tardio". In: *Pós-Modernismo:* a Lógica Cultural do Capitalismo Tardio. São Paulo: Ática, 2006, p. 27-79 [original: 1984].

JENKINS, K. *A História repensada.* São Paulo: Contexto, 2001 [original: 1991].

______. *On 'What is History'* – From Carr and Elton to Rorty and White. Londres: Routledge, 1995.

KELLEY, D.R. "El giro cultural en La investigación histórica". In: OLABARRI, I. & CAPISTEGUI, F.J. (orgs.). *La "nueva" historia cultural:* La influencia del pos-estructuralismo y el auge de la interdisciplinaridad. Madri: Complutense, 1996, p. 35-48.

KOSELLECK, R. *Futuro Passado* – Contribuição à semântica dos tempos históricos. Rio de Janeiro: Contraponto, 2006 [original: 1979].

LADURIE, E. Le Roy. "La crise et le historien". In: *Le concept de crise.* Paris: Seuil, 1976.

LASCH, C. *A cultura do narcisismo.* Rio de Janeiro: Imago, 1983 [original: 1979].

LECHTE, J. *50 pensadores contemporâneos essenciais:* do estruturalismo à pós-modernidade. Rio de Janeiro: Difel, 2002.

LEVI, G. "Sobre a micro-história". In: BURKE, P. (org.). *A Escrita da História* – Novas perspectivas. São Paulo: Unesp, 1992 [original: 1991].

LOJKINE, J. *A revolução informacional.* São Paulo: Cortez, 1995.

LYOTARD, J.-F. *A Condição Pós-Moderna.* Rio de Janeiro: José Olímpio, 1998 [original: 1979].

MANDEL, E. *O Capitalismo Tardio*. São Paulo: Abril, 1982 [Coleção Os Economistas] [original: 1972].

MEGILL, A. *Prophets of Extremity:* Nietzsche, Heidegger, Foucault, Derrida. Los Angeles: University of California Press, 1985.

MUNSLOW, A. *The Routledge companion to historical studies*. Londres: Routledge, 2000.

NIETZSCHE, F. "Considerações extemporâneas 1873-1874". In: *Obras incompletas*. São Paulo: Nova Cultural, 1991 [Seleção de textos de Gérard Lebrun].

NISBET, R. *História da ideia de progresso*. Brasília: UnB, 1985.

PETROSKI, H. *A evolução das coisas úteis* – Clipes, garfos, latas, zíperes e outros objetos. Rio de Janeiro: Zahar, 2007.

PLUMB, J.H. *Dead of the Past*. Boston: Houghton Mifflin Company, 1970.

PRICE, R. *Alabi's World*. Baltimore: John Hopkins University Press, 1990.

REIJEN, W. "Postscriptum". In: HUDSON, W. & REIJEN, W. (orgs.). *Modernen versus Postmodernen*. Ultrech: Het Spectrum, 1986, p. 9-51.

REIS, J.C. *Escola dos* Annales – A inovação em História. Rio de Janeiro: Paz e Terra, 2000.

REIS, J.J. *Domingos Sodré* – Um sacerdote africano. São Paulo: Companhia das Letras, 2008 [uma micro-história cultural que procura chegar a uma história do candomblé na Bahia].

REVEL, J. "A microanálise e a organização do social". In: *Jogos de Escalas* – A experiência da microanálise. Rio de Janeiro: Fundação Getúlio Vargas, 1996, p. 15-38.

RICOEUR, P. *Temps et Récit*. Paris: Seuil, 1983/1985 [*Tempo e Narrativa*. São Paulo: Papirus, 1994].

ROCHE, D. *A Cultura das Aparências* – Uma história da indumentária (séculos XVII-XVIII). São Paulo: Senac, 2007.

ROSENZWEIG, R. & THELEN, D. "History in Black and red: African American and American Indians and their collective pasts". In: *The presence of the Past* – Popular uses of history in American Life. Nova York: Columbia University Press, 1998, p. 147-176.

SAHLINS, M. *Historical Metaphors and Mythical Realities*. Ann Arbor, 1981.

SAID, E. *Orientalismo* – O Oriente como invenção do Ocidente. São Paulo: Companhia das Letras, 2007.

SANTOS, B.S. *Introdução à Ciência Pós-Moderna*. Rio de Janeiro: Graal, 1989.

SCHAMA, S. *Citizens:* a chronicle of the French Revolution. Nova York: Alfred A. Knopf, 1989 [*Cidadãos:* uma crônica da Revolução Francesa. São Paulo: Companhia das Letras, 1989].

SHKLAR, J.N. *After Utopia:* The Decline of Political Faith. Princeton: Princeton University Press, 1957.

SIMIAND, F. Méthode historique et science sociale. In: *Annales* ESC, n. 1, jan.-fev./1960 [original: *Revue de Synthèse*, 1903].

SIOUI, G. *For an Amerindian Autohistory*. Montreal: McGill-Queen's University Press, 1998.

SPENCE, J. *The Memory of Palace of Matteo Ricci*. Londres, 1985.

______. *The Gate of Heavenly Peace*. Londres, 1982.

______. *The Death of Woman Wang*. Londres, 1978.

______. *Emperor of China*. Londres, 1974.

STONE, L. The Revival of Narrative: Reflections on a new Old History. In: *Past and Present*, n. 85, nov./1979, p. 3-24.

SWEEZY, P. Socialismo real y crisis de la teoria marxista. In: *Monthly Review*, vol. 2, n. 12, jul.-ago./1979, p. 19-24.

TACKETT, T. *When the King Took Flight*. Cambridge (MA): Harvard University Press, 2003.

TOURAINE, A. *Crítica da Modernidade*. Petrópolis: Vozes, 1995.

______. Modernity and cultural specificities. *International Social Science Journal*, n. 40, 1989, p. 43-457.

UJVARI, S.C. *A História da Humanidade contada pelos vírus*. São Paulo: Contexto, 2008.

VEYNE, P. *Como se escreve a História*. Brasília: UnB, 1982 [original: 1971].

VIDAL-NAQUET, P. *Atlântida* – Pequena história de um mito platônico. São Paulo: Unesp, 2008 [original: 2005].

VIGARELLO, G. *História do estupro*. Rio de Janeiro: Zahar, 1998.

WHITE, H. Teoria literária e escrita da história. In: *Estudos Históricos*, vol. 7, n. 13, 1991, p. 21-48. Rio de Janeiro.

______. *A meta-história* – A imaginação histórica no século XIX. São Paulo: Edusp, 1972 [original inglês: 1973].

______. The Burden of History. In: *History and Theory*, 5, 1966.

WILENTZ, S. *The Kingdom of Mathias:* a story of sex and salvation in the 19th Century America. Oxford: Oxford University Press, 1999.

ZAGORIN, P. Historiografia e Pós-Modernismo: reconsiderações. In: *Topoi*, mar./2001, p. 137-152. Rio de Janeiro.

Referências adicionais

ANKERSMIT, F. "The origins of postmodernist historiography". In: TOPOLSKI, J. (org.). *Historiography between modernism and postmodernism*. Amsterdã: Rodopi, 1994, p. 87-117.

______. "Historism and Postmodernism - A phenomenology of historic experience". In: ANKERSMIT, F. (org.). *History and topology - The rise and fall of metaphor*. Berkeley: University of California Press, 1994, p. 182-238.

ANKERSMIT, F.R. & KELLNER, H. *A new philosophy of history*. Londres: Reaktion Books, 1995.

AUGÉ, M. *Non-places* - Introduction to an anthropology of Supermodernity. Londres: Verso, 1995, p. 7-41.

CAHOONE, L. (org.). *From Modernism to Posmodernism*. Cambridge, Ma: Blackwell, 1996.

DIEHL, A. *Vinho novo em pipa velha:* o Pós-Modernismo e o Fim da História. Passo Fundo: Ediupf, 1997.

FONTANA, J. *História depois do Fim da História*. São Paulo: Edusp, 1998.

HARTOG, F. *Le miroir d'Hérodote*. Paris: 1980.

HIMMELFARB, G. *The New History and the old:* Critical essays and reappraisals. Cambridge Ma: Harvard University Press, 1987.

HUYSSEN, A. "Mapeando o Pós-Moderno" In: HOLLANDA, H.B. (org.). *Pós-Modernismo e política*. 2. ed. Rio de Janeiro, Rocco, 1992.

IGGERS, G.G. *La ciência histórica em el siglo XX:* las tendencias actuales. Barcelona: Labor, 1995.

JOYCE, P. "The end of social history". In: JENKINS, K. (org.). *The postmodern history reader*. Londres: Routledge, 1997, p. 341-365.

KELLNER, H. *Language and historical representation* - Getting the story crooked. Madison: University of Wisconsin Press, 1989.

LECOUTEUX, C. *História dos vampiros* - Autópsias de um mito. São Paulo: Unesp, 2005 [original: 1999].

LEMERT, C. *Pós-Modernismo não é o que você pensa*. São Paulo: Loyola, 2000, p. 74-75.

LYON, D. *Pós-Modernidade*. São Paulo: Paulus, 1998.

MARTINS, E.R. História e Teoria na Era dos Extremos. In: *Phenix* - Revista de Estudos Culturais, vol. 3, ano 3, n. 2, abr.-jun./2006. Uberlândia: UFU.

MUNSLOW, A. *Desconstructing History*. Londres: Routledge, 1997.

NORRIS, C. *Desconstruction, Theory and Practice*. Londres: Methuen, 1982.

PIPPIN, R.B. *Modernism is philosophical problem:* On the dissatisfactions of European high culture. Cambridge, Mas.: Blackwell, 1991.

RUSEN, J. "Conscientização histórica frente à Pós-Modernidade: a história na era da nova intransparência". In: *História*: Questões e Debates, n. 10, 1989, p. 303-329 [republicado em *História:* Questões e Debates, vol. 10, n. 18/19, 1998].

SARDAR, Z. *Postmodernism and the other* - The new imperialism of western culture. Londres: Pluto Press, 1998.

STONE, L. History and post-modernism. In: *Past and Present*, n. 131, mai./1991, p. 217-218.

WHITE, H. "Teoria literária e escrita da história". In: *Estudos Históricos*, vol. 7, n. 13, 1991, p. 21-48. Rio de Janeiro [trad. Dora Rocha].

______. “La questione delle narazione nella teoria contemporânea della storiografia”. In: ROSSI, P. (org.). *La teoria della storiografia oggi*. Milão, 1983, p. 33-78.

WIDDOWSON, P. The creation of a past. In: *The Times Higher Education Supplement*, 03/11/1990.